청춘영어
여행
회화

다락원

청춘 영어: 여행회화

지은이	배진영, 강민정
펴낸이	정규도
펴낸곳	(주)다락원

초판 1쇄 발행 2017년 8월 10일
초판 7쇄 발행 2025년 4월 1일

편집	유나래, 장의연
디자인	유혜영, 이현해
일러스트	김영진 ozin2@naver.com

다락원 경기도 파주시 문발로 211
내용문의: (02)736-2031 내선 523
구입문의: (02)736-2031 내선 250~252
Fax: (02)732-2037
출판등록 1977년 9월 16일 제406-2008-000007호

Copyright ⓒ 2017, 배진영

사진 ⓒ shutterstock, Kylie Kwon, Angela Ryu

저자 및 출판사의 허락 없이 이 책의 일부 또는 전부를 무단 복제·전재·발췌할 수 없습니다. 구입 후 철회는 회사 내규에 부합하는 경우에 가능하므로 구입 문의처에 문의하시기 바랍니다. 분실·파손 등에 따른 소비자 피해에 대해서는 공정거래위원회에서 고시한 소비자 분쟁 해결 기준에 따라 보상 가능합니다. 잘못된 책은 바꿔 드립니다.

ISBN 978-89-277-0087-6 18740

http://www.darakwon.co.kr

- 다락원 홈페이지를 방문하시면 상세한 출판정보와 함께 동영상 강좌, MP3자료 등 다양한 어학 정보를 얻으실 수 있습니다.

청춘영어 여행회화

배진영·강민정 지음

다락원

들어가는 글

즐거운 해외여행, 그런데 영어는 어쩌지?

뉴욕, 런던, 파리, 호주… 세상은 넓고 가고 싶은 곳도 그만큼 다양합니다. 하지만 즐거운 해외여행을 앞두고 영어 때문에 부담을 느끼는 분들이 많습니다. 입국심사 할 때, 물건 살 때, 음식 주문할 때 등 영어를 써야 하는 상황에 마주칠 생각만 해도 온몸에 식은땀이 나지요. 가이드가 있는 패키지 여행을 가더라도 영어 한 마디 할 줄 아는 것과 모르는 것은 큰 차이가 있습니다.

이 책은 영어가 걱정돼서 해외여행 가기 망설이시는 분, 영어 한 마디라도 더 해서 좀 더 자유롭게 해외여행을 다니고 싶은 분, 여행 가기 전에 미리 영어회화를 공부해 두고 싶은 분들을 위한 책입니다. 〈다시 시작하는 청춘영어〉 시리즈를 모두 끝내고 영어회화를 공부하고 싶으신 분들에게도 추천합니다.

패턴에 단어만 바꿔 말하면 영어가 된다!

이 책은 단순히 여행 갈 때 들고 가서 필요한 표현을 찾는 책이 아니라, **여행 가기 전에 미리 공부할 수 있는 책**입니다. 그래서 상황별로 필요한 표현을 나열하는 대신 패턴을 중심으로 학습할 수 있게 구성했습니다. **패턴은 쉽게 말해 말하기 공식을 뜻합니다.** 패턴에 단어만 바꿔 끼우면 다양한 문장을 말할 수 있기 때문에, 영어를 잘 못하는 왕초보 학습자라도 효과적으로 문장을 익힐 수 있지요.

이 책에서는 기내식, 입국심사, 음식 주문 등 여행에서 마주치는 다양한 상황에서 쓸 수 있는 패턴을 50개로 정리했습니다. 혼자 공부하기 힘든 분들을 위해 음성강의도 제공하므로, 강의를 들으면서 공부하면 더 쉽게 패턴을 익힐 수 있습니다.

해외여행, 이제 자신 있게 떠나자!

여행은 새로운 도전의 연속입니다. 해외여행을 떠났다면 배운 표현을 활용해 딱 한 마디라도 해 보세요. 내가 한 말을 외국인이 알아듣고 원하는 것을 얻었을 때의 기쁨은 여행의 즐거움만큼이나 잊히지 않는 선물이 될 겁니다. 이 책 한 권만 제대로 공부하고 영어를 잘 몰랐던 분들도 자신감을 갖고 해외여행을 떠나세요. 이 책을 통해 많은 분들께서 한층 더 쉽고 즐겁게 해외여행을 떠나시길 희망해 봅니다. 여러분의 해외여행을 응원합니다!

이 책의 특징

시니어 맞춤형으로 제작했습니다

글자를 크게 써서 눈이 안 좋은 분들도 읽기 좋고, 알록달록한 삽화와 사진을 통해 눈도 즐겁게 학습할 수 있습니다. 또한 각 단어마다 한국어 발음을 표기하여, 영어 발음에 익숙하지 않은 분들도 쉽게 문장을 읽을 수 있습니다.

50개 패턴으로 쉽게 문장을 익힐 수 있습니다

기내식 먹을 때, 버스 탈 때, 호텔 체크인할 때 등 여행지에서 자주 마주치는 상황에서 가장 많이 쓰는 표현을 뽑아 패턴으로 묶었습니다. 패턴 문장에 단어만 바꿔 끼워 말하면 되므로, 영어를 잘 모르는 분들도 쉽게 배울 수 있습니다. 여행 가기 전에 여기 나오는 50개 필수 패턴만 공부해두면 충분합니다.

유용한 여행 정보도 함께 제공합니다

해외여행에 막연한 두려움을 느끼는 분들을 위해 입국신고서 작성부터 표지판 읽는 법까지, 여행에 관한 유용한 팁을 제공합니다. 책 곳곳에 숨겨진 깨알 같은 정보를 읽다 보면 해외여행이 더 이상 두렵지 않습니다.

음성강의, 미니북 등 부가 자료도 풍성합니다

혼자 공부하기 힘든 분들을 위해 귀에 쏙쏙 들어오는 음성강의 25강을 무료로 제공합니다. 스마트폰으로 QR코드를 찍으면 바로 강의를 들을 수 있어 편리합니다. 또, 여행할 때 꼭 필요한 영어표현과 단어를 정리한 미니북도 별도로 제공합니다. 사이즈가 작고 가벼워서 여행 갈 때 들고 갈 수 있습니다.

이 책의 구성

첫째 마당 먼저 알아두기
본격적으로 공부하기에 앞서, 해외여행에 대해 미리 알아두면 좋은 사항을 담았습니다. **해외여행 준비하기 Q&A**에서는 설레는 여행을 떠나기에 앞서 준비해야 될 사항을 문답 형식으로 정리했습니다. **알고 보면 쉬운 출입국 절차**에서는 공항 이용 방법을 도표로 정리하여, 누구나 쉽게 이해할 수 있습니다.

둘째 마당 수업하기
해외여행을 할 때 꼭 마주치게 되는 상황을 25개 유닛으로 정리하여, 한 유닛당 2개씩 총 50개의 **필수패턴**을 공부합니다. **패턴 연습하기**에서는 다양한 단어를 넣어 말하기 훈련을 하며, **대화하기**에서는 앞에서 배운 패턴이 실제 대화에서 어떻게 적용되는지 확인할 수 있습니다. 각 유닛이 끝나면 **확인하기**에서 문제를 풀며 배웠던 내용을 정리합니다. 각 파트 마지막의 **영어를 찾아라!**에서는 각종 영어 표지판의 뜻을 익힐 수 있으며, **생생 여행정보**에서는 여행과 관련된 다양한 정보도 얻을 수 있습니다.

셋째 마당 더 알아두기
추가적인 학습을 위한 보너스 코너입니다. **패턴문장 트레이닝**에서는 앞에서 배운 패턴과 문장을 정리하여 복습합니다. 한국어 해석과 영어 문장을 함께 녹음해서, 듣기만 해도 저절로 공부가 됩니다. 또, **미국영어 vs. 영국영어**에서는 미국과 영국에서 다르게 쓰는 영어 단어를 짚어 봅니다.

별책 부록 여행영어 미니북
여행 갈 때 가져갈 수 있도록 여행할 때 꼭 필요한 상황별 영어회화와 필수 단어를 정리했습니다. 한손에 쏙 들어오는 작은 사이즈라 여행 갈 때 들고 가기도 좋습니다.

목차

첫째 마당 먼저 알아두기
해외여행 준비하기 Q&A · 16
알고 보면 쉬운 출국 절차 · 18
알고 보면 쉬운 해외 입국 절차 · 20

둘째 마당 수업하기

기내에서	1 기내식 · 26	패턴 01 마실 것 좀 드릴까요?
		패턴 02 소고기 주세요.
	2 기내 서비스 · 32	패턴 03 담요를 주시겠어요?
		패턴 04 쟁반 좀 치워 주시겠어요?

입국할 때	3 입국심사 · 42	패턴 05 여기 관광하러 왔어요.
		패턴 06 열흘 동안 머물 계획이에요.
	4 수하물 찾기 · 48	패턴 07 항공편 번호가 무엇입니까?
		패턴 08 수하물 찾는 표 갖고 계세요?

교통 이용할 때	5 버스 · 58	패턴 09 어떤 버스가 타임스 스퀘어에 가나요?
		패턴 10 이 버스 타임스 스퀘어에 가요?
	6 택시 · 64	패턴 11 썬 호텔로 가 주시겠어요?
		패턴 12 호텔에 도착하는 데 얼마나 걸리나요?
	7 지하철 · 70	패턴 13 매표소가 어디 있는지 아세요?
		패턴 14 일일 승차권이 필요합니다.

호텔에서	8 호텔 체크인 · 80	패턴 15 체크인하고 싶습니다.
		패턴 16 1인용 침대가 있는 방을 원합니다.
	9 호텔 이용 · 86	패턴 17 식당은 어디에 있습니까?
		패턴 18 룸서비스가 있나요?
	10 호텔 문제 해결 · 92	패턴 19 에어컨이 고장 났어요.
		패턴 20 화장지가 없습니다.
	11 호텔 체크아웃 · 98	패턴 21 실수해서 죄송합니다.
		패턴 22 신용카드로 계산하는 게 가능한가요?

식당에서

12 식당 예약 • 108
- 패턴 23 오늘 밤에 자리를 예약하고 싶습니다.
- 패턴 24 창가 쪽 테이블에 앉을 수 있을까요?

13 음식 주문 • 114
- 패턴 25 그거 샐러드와 함께 나오나요?
- 패턴 26 주요리로 뭘 추천하시겠어요?

14 식당 불만사항 • 120
- 패턴 27 이거 너무 짜요.
- 패턴 28 전 샐러드를 주문하지 않았어요.

15 패스트푸드점 • 126
- 패턴 29 치즈버거 주세요.
- 패턴 30 얼음은 빼 주세요.

16 커피숍 • 132
- 패턴 31 라떼로 할게요.
- 패턴 32 슬리브를 주실 수 있어요?

쇼핑할 때

17 옷 쇼핑 • 144
- 패턴 33 재킷을 찾고 있어요.
- 패턴 34 이거 더 큰 사이즈 있나요?

18 가격 흥정 • 150
- 패턴 35 이 손목시계는 얼마인가요?
- 패턴 36 이 손목시계들 세일하나요?

19 교환과 환불 • 156
- 패턴 37 이거 더 큰 사이즈로 교환되나요?
- 패턴 38 이 치마 환불받고 싶어요.

관광할 때	**20 관광안내소** • 166	패턴 39 흥미로운 박물관을 추천해 주시겠어요?
		패턴 40 투어가 있나요?
	21 공연장 • 172	패턴 41 '캣츠' 표 한 장 주세요.
		패턴 42 공연은 몇 시에 시작하나요?
	22 박물관 • 178	패턴 43 오늘 박물관은 몇 시에 문을 닫나요?
		패턴 44 박물관 지도를 어디서 받을 수 있나요?
문제가 생겼을 때	**23 길 찾기** • 188	패턴 45 센트럴 파크에 어떻게 가나요?
		패턴 46 가장 가까운 버스 정류장이 어디인가요?
	24 도난 신고 • 194	패턴 47 근처에 경찰서가 있나요?
		패턴 48 제 가방을 도둑 맞았어요.
귀국할 때	**25 탑승수속** • 204	패턴 49 여권 좀 볼 수 있을까요?
		패턴 50 창가석에 앉을 수 있을까요?

셋째 마당 더 알아두기
여행이 쉬워지는 패턴문장 트레이닝 • 228
서로 다른 미국영어 vs. 영국영어 • 254

별책부록
여행이 쉬워지는 여행영어 미니북

여행영어 패턴 미리보기

패턴 01 **Would you like** something to drink? 마실 것 좀 드릴까요?

패턴 02 Beef, **please**. 소고기 주세요.

패턴 03 **Can I get** a blanket? 담요를 주시겠어요?

패턴 04 **Could you** take my tray? 쟁반 좀 치워 주시겠어요?

패턴 05 **I'm here** for sightseeing. 여기 관광하러 왔어요.

패턴 06 **I plan to stay for** ten days. 열흘 동안 머물 계획이에요.

패턴 07 **What's your** flight number? 항공편 번호가 무엇입니까?

패턴 08 **Do you have** your baggage claim ticket? 수하물 찾는 표 갖고 계세요?

패턴 09 **Which bus goes to** Times Square? 어떤 버스가 타임스 스퀘어에 가나요?

패턴 10 **Does this bus go to** Times Square? 이 버스 타임스 스퀘어에 가요?

패턴 11 **Could you take me to** the Sun Hotel? 썬 호텔로 가 주시겠어요?

패턴 12 **How long does it take to get to** the hotel? 호텔에 도착하는 데 얼마나 걸리나요?

패턴 13 **Do you know where** the ticket office **is**? 매표소가 어디 있는지 아세요?

패턴 14 **I need** a one-day pass. 일일 승차권이 필요합니다.

패턴 15 **I'd like to** check in. 체크인하고 싶습니다.

패턴 16 **I'd like a room with** a single bed. 1인용 침대가 있는 방을 원합니다.

패턴 17 **Where is** the restaurant? 식당은 어디에 있습니까?

패턴 18 **Is there** room service? 룸서비스가 있나요?

패턴 19 The air conditioner **doesn't work**. 에어컨이 고장 났어요.

패턴 20 **There is no** toilet paper. 화장지가 없습니다.

패턴 21 **I'm sorry for** the error. 실수해서 죄송합니다.

패턴 22 **Is it possible to** pay by credit card? 신용카드로 계산하는 게 가능한가요?

패턴 23 **I'd like to book a table for** tonight. 오늘 밤에 자리를 예약하고 싶습니다.

패턴 24 **Could we have a table** by the window? 창가 쪽 테이블에 앉을 수 있을까요?

패턴 25 **Does it come with** a salad? 그거 샐러드와 함께 나오나요?

패턴 26 **What do you recommend for** a main dish? 주요리로 뭘 추천하시겠어요?

패턴 27 **This is too** salty. 이거 너무 짜요.

패턴 28 **I didn't order** a salad. 전 샐러드를 주문하지 않았어요.

패턴 29 **I'd like** a cheeseburger. 치즈버거 주세요.

패턴 30 **No** ice, **please**. 얼음은 빼 주세요.

패턴 31 **I'll have** a latte. 라떼로 할게요.

패턴 32 **Can you give me** a sleeve? 슬리브를 주실 수 있어요?

패턴 33 **I'm looking for** a jacket. 재킷을 찾고 있어요.

패턴 34 **Do you have this in** a bigger size? 이거 더 큰 사이즈 있나요?

패턴 35 **How much is** this watch? 이 손목시계는 얼마인가요?

패턴 36 **Are these** watches **on sale**? 이 손목시계들 세일하나요?

패턴 37 **Can I exchange this for** a bigger size? 이거 더 큰 사이즈로 교환되나요?

패턴 38 **I'd like to get a refund on** this skirt. 이 치마 환불받고 싶어요.

패턴 39 **Can you recommend** an interesting museum? 흥미로운 박물관을 추천해 주시겠어요?

패턴 40 **Are there any** tours? 투어가 있나요?

패턴 41 **One ticket for** *Cats*, **please**. '캣츠' 표 한 장 주세요.

패턴 42 **What time does** the show **start**? 공연은 몇 시에 시작하나요?

패턴 43 **What time does** the museum **close today**? 오늘 박물관은 몇 시에 문을 닫나요?

패턴 44 **Where can I** get a map of the museum? 박물관 지도를 어디서 받을 수 있나요?

패턴 45 **How can I get to** Central Park? 센트럴 파크에 어떻게 가나요?

패턴 46 **Where is the nearest** bus stop? 가장 가까운 버스 정류장이 어디인가요?

패턴 47 **Is there a** police station **around here**? 근처에 경찰서가 있나요?

패턴 48 **My** bag **was stolen**. 제 가방을 도둑맞았어요.

패턴 49 **Can I see your** passport? 여권 좀 볼 수 있을까요?

패턴 50 **Can I have** a window seat? 창가석에 앉을 수 있을까요?

첫째 마당

먼저 알아두기

해외여행 준비하기 Q&A

Q 여권은 언제 사용하나요?

A 해외여행 갈 때 없어서는 안 될 물건이 바로 passport여권입니다. 해외에서 내 신분증명서가 되어 주는 여권은 비행기 탈 때도 필요하고, 출국과 입국 때도 필요합니다. 호텔에서 체크인할 때 신분증명서로 요구하는 경우도 많지요. 딱 한 번만 해외여행을 할 수 있는 단수여권과 유효기간 만료일까지 자유롭게 해외여행을 할 수 있는 복수여권이 있는데, 대부분 복수여권을 발급받지요.

Q 여행하려면 비자가 꼭 필요한가요?

A visa비자는 그 나라에 들어가기 위한 허가증을 말하는데요, 최근에는 많은 나라들이 관광 목적의 여행일 때는 일정 기간 동안 비자 없이도 입국할 수 있도록 허가해 주고 있습니다. 미국은 관광 목적의 여행일 경우, 사전에 인터넷으로 ESTA전자여행허가를 신청하면 비자 없이도 90일까지 체류가 가능합니다. 대신 입국심사 때 관광하러 왔다고 해야지, 취업하러 왔다거나 공부하러 왔다고 하면 입국이 거절될 수도 있습니다.

Q 어떻게 하면 항공권을 싸게 구입할 수 있어요?

A 항공권은 예약 시기에 따라 가격이 천차만별입니다. 저렴한 항공권을 구입하려면 각 항공사의 프로모션을 이용하거나, 늦어도 3개월 전에 미리 예약해 두는 것이 좋습니다. 성수기와 비성수기에 따라 가격 변동이 심하기 때문에, 시간적인 여유가 있다면 여행 시기를 비성수기로 고르는 것도 좋은 방법이지요. 당연히 직항보다는 경유지가 있는 항공권이 싸지만, 시간이 많이 걸린다는 단점이 있으니 시간과 비용을 고려해 선택해야 합니다.

Q 환전은 어디서 하는 게 좋을까요?

A 공항에 가도 환전을 할 수 있는 Currency Exchange 환전소가 있지만, 환전 수수료가 비싼 편입니다. 따라서 주로 거래하는 은행에서 미리 환전해두는 것이 좋습니다. 최근에는 인터넷을 이용해 환전하면 수수료를 할인받을 수 있기 때문에, 인터넷 환전을 이용하는 것도 좋은 방법이에요.

Q 여행자 보험은 꼭 가입해야 할까요?

A 보험은 어디까지나 만일의 상황에 대비하는 거지만, 여행자 보험에 가입하면 해외에서 여행 중에 사고가 났거나 물건을 잃어버렸을 때 적절한 보상을 받을 수 있습니다. 여행 전에 미리 준비하지 못했어도 공항에서 가입할 수 있답니다. 대신, 보험에 가입할 때는 보상 받을 수 있는 금액이 충분한지 확인하세요.

Q 해외에서 스마트폰을 쓰려면 어떻게 해요?

A 해외에서 스마트폰을 이용하는 경우, 잘못하다가는 요금 폭탄을 맞을 수도 있습니다. 해외여행을 가면 지도나 여행정보를 찾아볼 때 스마트폰이 아주 유용하게 쓰이므로, 일정한 금액을 내고 데이터를 마음껏 쓸 수 있는 데이터 로밍을 신청하면 편리합니다. 또는, 기계를 들고 다니면서 와이파이를 자유롭게 사용할 수 있는 Pocket WiFi 포켓 와이파이를 신청하거나, 정해진 양의 통화와 데이터를 쓸 수 있는 선불 유심칩을 구입해 사용하는 방법도 있습니다.

알고 보면 쉬운 출국 절차

01 공항 도착

공항에는 적어도 비행기 출발보다 2시간 전에 도착하도록 하세요. 휴가철이나 성수기에는 그보다 여유를 두고 3시간 전쯤 도착하는 것이 좋습니다.

02 탑승수속

해당 항공사의 체크인 데스크로 가서 탑승수속을 합니다. 공항 입구의 전광판을 보면 내 체크인 데스크가 어딘지 확인할 수 있습니다. 여권과 항공권을 보여주고 탑승권을 받은 후 수하물도 부칩니다.

08 탑승

비행기 탑승은 실제 출발 시간보다 30~40분 전에 일찍 시작합니다. 비행기 탑승권에 탑승 시간과 탑승구가 입력되어 있으니, 잘 확인했다가 늦지 않게 해당 탑승구로 가서 탑승하세요.

07 탑승 대기

출국심사를 받고 나면 탑승장 안쪽으로 들어갑니다. 면세점에서 쇼핑을 하거나 식당이나 카페에서 식사를 하면서 시간을 보낼 수 있습니다.

03 검역 신고

애완동물을 데려가거나 식물을 가져가는 경우에는 사전에 증명서를 발급받았다가 신고합니다. 해당되는 경우에만 신고하면 됩니다.

04 세관 신고

귀중품이나 고가품이 있는 경우에는 출국하기 전 세관에 신고하세요. 신고하지 않았을 경우, 귀국할 때 세금을 내야 할 수도 있습니다.

06 출국심사

여권을 제출하고 출국심사를 받습니다. 요즘에는 자동출입국 심사도 있어서 미리 신청하면 심사를 따로 받지 않고도 빠르게 심사장을 빠져나갈 수 있습니다.

05 보안 검색

출국장 안으로 들어가면 보안 검색이 기다리고 있습니다. 엑스레이 검사대에 짐을 통과시키고, 날카로운 물건이나 수상한 물건이 있는지 검사합니다.

알고 보면 쉬운 해외 입국 절차

01 서류 작성

기내에서 승무원이 입국신고서와 세관신고서를 나눠 줍니다. 공항에 도착해서 쓰면 대기줄이 길어져서 빠져나가는 데 시간이 오래 걸릴 수도 있습니다. 기내에서 미리 작성해 두면 시간을 아낄 수 있어요.

02 공항 도착

비행기에서 내리면 Arrival^{도착} 표지판을 따라 이동합니다. 다른 비행기로 환승하는 승객들의 경우, Transfer^{환승}이라고 되어 있는 표지판을 보고 따로 이동합니다.

08 시내 이동

시내로 이동하기 위해서는 subway^{지하철}, bus^{버스}, taxi^{택시} 등 원하는 교통수단을 이용하세요. 또는 rent-a-car^{렌터카}를 빌려서 이동하는 방법도 있습니다.

07 도착장 도착

모든 입국과정을 마치면 Arrival Hall^{도착장}로 나갈 수 있습니다. 마중 나올 사람이 있다면 여기서 만나세요.

03 입국심사 대기

입국심사를 받기 위해 줄을 섭니다. Visitors^{방문자} 또는 Non-citizen^{시민권자 아님} 또는 Foreigner^{외국인} 구역에서 대기하세요.

04 입국심사

입국심사관이 일대일로 방문 목적, 기간, 머물 장소 등을 물어 봅니다. 떨지 말고 솔직하게 대답하면 됩니다. 나라에 따라 얼굴 사진을 촬영하고 지문을 찍기도 합니다.

05 수하물 찾기

출발할 때 부쳤던 짐을 찾으러 Baggage claim^{짐 찾는 곳}으로 갑니다. 회전식 컨베이어에서 차례대로 짐이 나오는데, 기다렸다가 내 짐이 나오면 들고 가면 됩니다.

06 세관 신고

보통은 직원에게 customs form^{세관 신고서}만 제출하고 나가면 됩니다. 세관신고서는 가족당 한 장만 작성하면 되는데, 해당하는 경우에만 신고하세요.

둘째마당
수업하기

기내에서

01 기내식
02 기내 서비스

01 기내식

○ 다음 대화를 듣고 따라 말해 보세요. 🎧 01-1

대화 A

승무원 **Would you like** something to drink?
우드 유 라익 썸씽 투 드링크

수지 Yes, please.
예쓰 플리즈

대화 B

승무원 Chicken or beef?
취킨 오얼 비프

진수 Beef, **please**.
비프 플리즈

패턴 01 **Would you like +** 음식 / 음료 **?** ~를 드릴까요?

would는 정중한 제안을 나타낼 때 씁니다. 'would like + 명사'는 '~를 원하다'라는 뜻을 공손하게 표현하는 것인데, 이를 의문문으로 바꾸어 Would you like ~?이라고 하면 '~를 원하세요?'라는 뜻이 됩니다. 공손하게 뭔가를 권할 때 쓰는 표현으로, 기내에서 승무원이 승객에게 음식이나 음료를 권할 때 많이 들을 수 있습니다.

패턴 01 마실 것 좀 드릴까요?
패턴 02 소고기 주세요.

○ 외국항공을 이용한다면 해외여행은 기내에서부터 시작된다고 할 수 있습니다. 기내식을 먹을 때 많이 듣는 표현과 말하는 표현을 익혀 봅시다.

대화 A

승무원 마실 것 좀 드릴까요?
수지   네, 주세요.

대화 B

승무원 닭고기와 소고기 중에 뭘 드릴까요?
진수   소고기 주세요.

새로 나온 단어
something [썸씽] 무언가
drink [드링크] 마시다
chicken [취킨] 닭고기
or [오얼] ~이거나, 또는
beef [비프] 소고기

drink는 동사로는 '마시다', 명사로는 '음료'라는 뜻을 가지고 있습니다.

패턴 02 | 음식 / 음료 |, please. ~를 주세요.

please에는 '제발, 부디'라는 뜻이 있는데, 명사 뒤에 덧붙이면 '~를 주세요, ~를 부탁 드립니다'라는 의미가 됩니다. 그래서 서비스를 받을 때 '요구하는 것 + please.'라고 말하면 간단하면서도 정중하게 부탁하는 표현이 되지요. 음식이나 음료 뒤에 please를 넣어 원하는 것을 달라고 할 수도 있고, 쇼핑할 때 색깔이나 사이즈 뒤에 please를 넣어 해당하는 제품을 달라고 할 수도 있습니다.

| 패턴 01 연습하기 | ~를 드릴까요? |

○ 빈칸에 단어를 넣어 말해 보세요. 01-2

Would you like ☐?
☐를 드릴까요?

chicken or beef [1]
취킨 오얼 비프
닭고기 또는 소고기

a glass of wine [2]
어 글래쓰 어브 와인
포도주 한 잔

some peanuts
썸 피너츠
땅콩 좀

some water
썸 워럴
물 좀

1 chicken or beef or은 '또는, ~이거나'란 뜻인데, 두 가지 선택지 중에서 뭘 원하는지 물어볼 때는 Would you like A or B?라고 합니다. 승무원이 기내에서 음식을 서빙할 때는 간단하게 줄여서 A or B?라고도 많이 물어보지요.

2 a glass of wine glass는 '유리잔'이란 뜻으로, 'a glass of + 명사'는 '한 잔의 ~'라는 뜻입니다. a glass of water(물 한 잔), a glass of orange juice(오렌지 주스 한 잔)처럼 뒤에 다양한 음료 이름을 넣어 말할 수 있습니다.

패턴 02
연습하기

~를 주세요

○ 빈칸에 단어를 넣어 말해 보세요. 🎧 01-3

<big>☐, please.
☐를 주세요.</big>

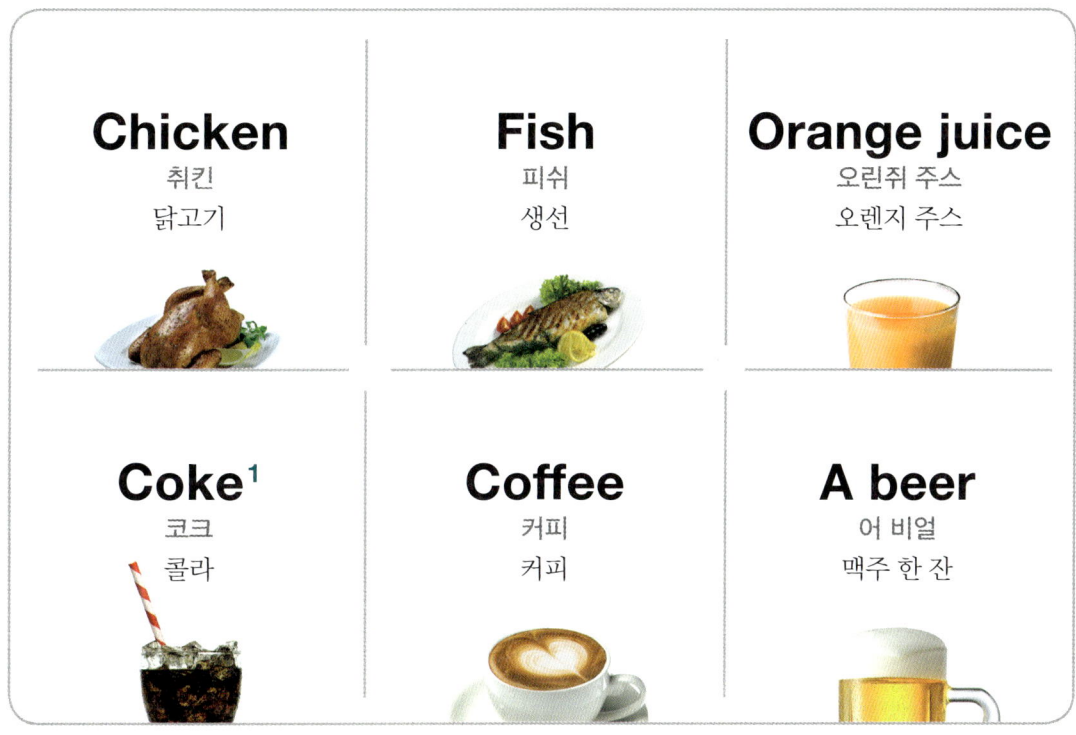

Chicken 취킨 / 닭고기

Fish 피쉬 / 생선

Orange juice 오린쥐 주스 / 오렌지 주스

Coke[1] 코크 / 콜라

Coffee 커피 / 커피

A beer 어 비얼 / 맥주 한 잔

■ **기내 제공 음료** 위에 나온 것 외에도 기내에서 제공하는 대표적인 음료로는 milk[밀크: 우유], tea[티: 홍차], green tea[그린 티: 녹차], whisky[위스키: 위스키] 등이 있습니다.

1 Coke 콜라는 Coca-Cola(코카콜라)의 줄임말에서 따와 Coke[코크]라고 합니다. 또는 타회사 제품명인 Pepsi[펩씨]라고도 하지요. 사이다도 마찬가지로 7up[쎄븐업] 또는 Sprite[스프라잇]처럼 제품명으로 말하면 됩니다.

대화하기 비행의 꽃은 기내식

🎧 다음 대화를 듣고 따라 말해 보세요. 🎧 01-4

외국 항공기를 타고 해외여행을 떠난 수지, 어느덧 기다리던 기내식 시간이 되었습니다.

승무원 **Beef or fish?**
비프 오얼 피쉬

수지 **Beef, please.**
비프 플리즈

승무원 **Would you like something to drink?**
우드 유 라익 썸씽 투 드링크

수지 **Yes. What drinks do you have?**
예쓰 왓 드링쓰 두 유 해브

승무원 **We have Coke, Sprite, and orange juice.**   **Sprite** 사이다
위 해브 코크 스프라잇 앤 오린쥐 주스

수지 **I'd like a Coke.**
아이드라익 어 코크

승무원 **Here you are.**
히얼 유 알

수지 **Thank you.**
쌩큐

승무원	소고기랑 생선 중에 뭘 드릴까요?
수지	**소고기 주세요.**
승무원	**마실 것 좀 드릴까요?**
수지	네. 어떤 음료가 있나요?
승무원	콜라, 사이다, 오렌지 주스가 있습니다.
수지	콜라 주세요.
승무원	여기 있습니다.
수지	고맙습니다.

확인하기 01 기내식

정답 214쪽

A 빈칸에 들어갈 알맞은 단어를 보기에서 찾아 쓰세요.

보기 **please** | **would** | **or** | **drink**

① 마실 것 좀 드릴까요?

_____ you like something to _____?

② 닭고기와 소고기 중에 뭘 드릴까요?

Chicken _____ beef?

③ 소고기 주세요.

Beef, _____.

B 보기에서 알맞은 표현을 찾아 다음 문장을 완성하세요.

보기 **Coke** | **some water** | **fish** | **a glass of wine**

① 물 좀 드릴까요?

Would you like _____?

② 포도주 한 잔 드릴까요?

Would you like _____?

③ 콜라 주세요.

_____, please.

④ 생선 주세요.

_____, please.

02 기내 서비스

◉ 다음 대화를 듣고 따라 말해 보세요. 🎧 02-1

대화 A

수지: **Can I get** a blanket?
캔 아이 겟 어 블랭킷

승무원: Sure. Here you are.
슈얼 히얼 유 알

대화 B

진수: **Could you** take my tray?
쿠드 유 테익 마이 트레이

승무원: Sure.
슈얼

패턴 03 **Can I get +** 물건 **?** ~를 주시겠어요?

can은 '~할 수 있다'란 뜻으로, 'Can I + 동사?'는 '제가 ~할 수 있을까요?'하고 뭔가를 부탁할 때 씁니다. 동사 get은 '~를 받다'란 의미이므로 Can I get ~?을 그대로 직역하면 '~를 받을 수 있나요?'란 뜻이 되는데요, 어떤 물건을 원할 때 '~를 주시겠어요?'라고 부탁하는 의미로 사용합니다. 승무원에게 음식이나 음료를 달라고 부탁할 때, 또는 기내에서 제공하는 물품을 달라고 부탁할 때 쓸 수 있는 표현입니다.

| 패턴 03 | **담요를 주시겠어요?**
| 패턴 04 | **쟁반 좀 치워 주시겠어요?**

○ 긴 시간 동안 비행을 하다 보면 승무원에게 뭔가를 부탁할 일이 종종 생깁니다. 기내에서 서비스를 요청하거나 뭔가를 부탁할 때 쓰는 표현을 익혀 봅시다.

대화 A

수지: 담요를 주시겠어요?
승무원: 물론이죠. 여기 있습니다.

대화 B

진수: 쟁반 좀 치워 주시겠어요?
승무원: 물론입니다.

새로 나온 단어

get [겟] 받다, 얻다
blanket [블랭킷] 담요
sure [슈얼] 물론이에요, 그래요
here [히얼] 여기에
take [테익] 가지고 가다, 치우다
tray [트레이] 쟁반

Sure은 Yes(네)와 같은 뜻으로, 긍정의 대답을 할 때 쓸 수 있는 표현입니다.

| 패턴 04 | **Could you + 행동 ?** ~해 주시겠어요?

could 역시 would와 마찬가지로 공손함을 나타낼 때 쓰는 단어입니다. 'Could you + 동사?'는 '~해 주시겠습니까?'라는 의미로, 다른 사람에게 어떤 일을 해달라고 정중하게 부탁할 때 쓸 수 있는 표현입니다. 'Would you + 동사?'도 같은 뜻인데, 좀 더 정중하게 부탁할 때는 please를 넣어 'Could[Would] you please + 동사?'로 말할 수도 있습니다.

| 패턴 03 연습하기 | ~를 주시겠어요? |

○ 빈칸에 단어를 넣어 말해 보세요. 02-2

Can I get ⬜?
⬜를 주시겠어요?

a newspaper
어 뉴스페이펄
신문

a pen
어 펜
펜

a pillow
어 필로우
베개

a sleeping mask
어 슬리핑 매스크
수면 안대

earplugs[1]
이얼플러그스
귀마개

headphones[1]
헤드포운즈
헤드폰

■ **기내 제공 물품** 그 밖에도 기내에서는 승객들의 편의를 위해 slippers[슬리퍼즈: 슬리퍼], magazine[매거진: 잡지], airsickness bag[에얼씨크니스 백: 멀미용 봉투], medicine[메더쓴: 약] 같은 다양한 물품을 제공합니다.

1 earplugs / headphones 귀마개와 헤드폰은 귀를 덮는 부분이 두개이기 때문에, 단어 앞에 '하나의'를 뜻하는 a나 an을 붙이지 않습니다. 대신, 끝에 s를 붙여 복수 형태로 써야 합니다.

패턴 04 연습하기

~해 주시겠어요?

○ 빈칸에 단어를 넣어 말해 보세요. 🎧 02-3

Could you ☐?
☐ 해 주시겠어요?

---

help me[1]
헬프 미
날 도와주다

wake me for meals
웨익 미 폴 밀즈
식사 때 깨우다

move your seat up
무브 유얼 씻 업
좌석을 세우다

switch seats with me
스위취 씻츠 위드 미
나와 자리를 바꾸다

---

1 help me Could you help me 뒤에 동사를 넣으면 '~하는 것 좀 도와주시겠어요?'란 뜻이 됩니다. Could you help me find my seat?(좌석 찾는 것 좀 도와주시겠어요?), Could you help me fill out this form?(이 서식을 작성하는 것 좀 도와주시겠어요?)처럼 다양한 요청사항을 넣어 말할 수 있습니다.

대화하기 하늘 위 친절 서비스

🎧 다음 대화를 듣고 따라 말해 보세요. 02-4

진수가 맛있게 식사를 마치고 승무원에게 쟁반을 치워달라고 부탁하려고 합니다.

진수 **Excuse me.**
익스큐즈 미

승무원 **Yes. How may I help you?**
예쓰 하우 메이 아이 헬프 유

진수 **Could you take my tray?**
쿠드 유 테익 마이 트레이

승무원 **Of course.**
어브 콜스

진수 **Thank you. When will we land?**   **land** 착륙하다
쌩큐 웬 윌 위 랜드

승무원 **In two hours.**
인 투 아월즈

진수 **Can I get a blanket?** It's chilly on the plane.
캔 아이 겟 어 블랭킷 잇츠 칠리 온 더 플레인

승무원 **I'll bring one right away.**   **chilly** 쌀쌀한 **right away** 곧바로, 당장
아일 브링 원 라잇 어웨이

진수	실례합니다.
승무원	네. 뭘 도와드릴까요?
진수	**이 쟁반 좀 치워 주시겠어요?**
승무원	물론이지요.
진수	감사합니다. 언제 착륙하나요?
승무원	두 시간 후에요.
진수	**담요 좀 주시겠어요?** 비행기 안이 춥네요.
승무원	바로 가져다 드릴게요.

확인하기 02 기내 서비스

정답 214쪽

A 빈칸에 들어갈 알맞은 단어를 [보기]에서 골라 쓰세요.

> 보기 sure | tray | get | could

① 담요를 주시겠어요?
   Can I _____ a blanket?

② 물론이죠.
   _____.

③ 쟁반 좀 치워 주시겠어요?
   _____ you take my _____ ?

B 보기에서 알맞은 표현을 찾아 다음 문장을 완성하세요.

> 보기 switch seats with me | a newspaper
>   wake me for meals | headphones

① 신문을 주시겠어요?
   Can I get _____ ?

② 헤드폰을 주시겠어요?
   Can I get _____ ?

③ 식사 때 깨워 주시겠어요?
   Could you _____ ?

④ 나와 자리를 바꿔 주시겠어요?
   Could you _____ ?

영어를 찾아라! **기내** 🎧 02-5

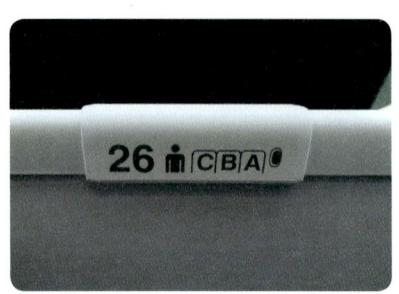

seat number 좌석 번호

seat[씻]은 '좌석', number[넘벌]은 '번호'라는 의미입니다. 기내에서 좌석 번호는 보통 26A, 26B, 26C처럼 숫자와 알파벳의 조합으로 이루어져 있습니다. 보통 머리 위쪽에 있는 짐칸에 표기되어 있습니다.

economy class 이코노미석

economy[이카너미]는 '절약', class[클래쓰]는 '등급'이란 뜻으로, 이코노미석은 가장 저렴해서 일반적으로 많이 타는 좌석 등급입니다. 기내 좌석은 항공사나 기종에 따라 차이가 있지만, 보통은 first class(일등석), business class(비즈니스석), economy class(이코노미석)로 등급이 나뉩니다.

window / aisle 창문 / 통로

window[윈도우]는 '창문', aisle[아일]은 '통로'라는 뜻입니다. 기내 좌석은 위치에 따라 창가 쪽의 window seat(창가석)과 통로 쪽의 aisle seat(통로석)으로 분류할 수 있습니다. 큰 비행기의 경우, 창가석과 통로석 사이에 위치한 middle seat(중간 좌석)도 있습니다.

exit 출구

exit[엣씻/엣짓]은 '출구'라는 뜻으로, 기내에서는 비상착륙 때 사용하는 비상구를 가리킵니다. 비상구 앞에 있는 좌석은 발을 뻗을 수 있는 공간이 넓어 편하지만, 비상탈출 시 승무원을 도와 탈출을 도와야 하므로 임산부, 노약자, 장애인, 어린이는 앉을 수 없습니다.

Fasten seatbelt while seated
앉아 계시는 동안에는 좌석벨트를 착용하세요.

fasten은 '매다', seatbelt는 '좌석벨트', while은 '~동안', seated는 '앉아 있는'이란 뜻입니다. 비행기 이륙과 착륙 시는 물론, 기체 난류를 통과할 때도 비행기가 많이 흔들릴 수 있으므로 앉아 있을 때는 좌석벨트를 착용하는 것이 안전합니다.

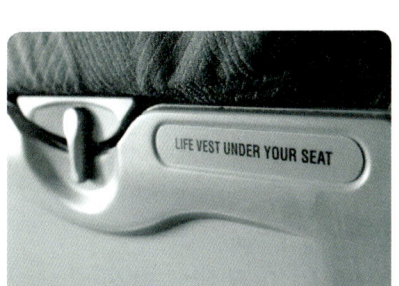

Life vest under your seat
구명 조끼는 좌석 아래 있습니다.

life는 '생명'이라는 뜻인데, '구명 조끼'를 life vest[라이프 베스트] 또는 life jacket[라이프 재킷]이라고 합니다. 구명 조끼는 비상시 비행기가 물 위에 불시착할 때 사용하기 위한 것으로, 보통 좌석 아래 보관되어 있습니다.

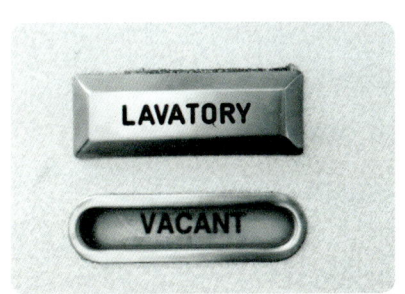

lavatory / vacant 화장실 / 비어 있는

기내 화장실을 lavatory[레버토리]라고 합니다. 화장실 앞쪽에 vacant[베이컨트: 비어 있는] 표시가 있으면 문을 앞으로 밀어 열면 되고, 반대로 occupied[아큐파이드: 사용 중]이라고 되어 있으면 안에 사람이 있는 것이므로 나올 때까지 기다려야 합니다.

No smoking in lavatory
화장실에서는 금연

smoking[스모우킹]은 '흡연'을 의미하므로, No smoking은 '흡연 금지', 즉 '금연'이라는 뜻입니다. 예전에는 비행기 안에도 흡연 가능 구역이 있었지만, 최근에는 전 기내가 모두 금연 구역이므로 화장실에서도 담배를 피울 수 없습니다.

> 생생 여행정보
>
> # 입국신고서 작성하기
>
>
>
> 비행 중에 승무원들이 입국심사대에 제출할 입국신고서를 나눠 줍니다. 나라마다 조금씩 형식이 다른데요, 입국신고서를 작성할 때 꼭 알아둘 표현을 익혀 봅시다.

Family name / Surname / Last name 성

KIM(김), LEE(이), PARK(박), CHOI(최) 같은 성을 씁니다.

First name / Given names 이름

SUSIE(수지), JINSU(진수) 같은 이름을 씁니다. 여권에 나와 있는 영문 이름 그대로 기재해야 합니다.

Sex / Gender 성별

Male(M) 남자

Female(F) 여자

Date of birth / Birth date 생년월일

Day / Month / Year 일 / 월 / 연도

서양에서는 보통 작은 단위부터 씁니다. 따라서 생년월일도 일/월/연도순으로 써야 하므로 주의하세요.

Town and country of birth 태어난 도시와 국가

SEOUL, KOREA(서울, 한국)처럼 태어난 도시와 나라 이름을 차례대로 적으면 됩니다.

Nationality 국적

REPUBLIC OF KOREA(대한민국), 또는 SOUTH KOREA(한국)라고 적습니다.

Occupation 직업

OFFICE WORKER(회사원), HOUSEWIFE(주부), BUSINESSPERSON(사업가) 등 자신의 직업을 씁니다.

Contact address 연락 가능한 주소

예약한 호텔 주소를 씁니다. 민박이나 지인의 집에 머무를 경우에는 해당되는 집 주소를 쓰면 됩니다.

Passport number 여권번호

Place of issue 여권 발행 장소

SEOUL(서울), BUSAN(부산) 등 여권의 발행 관청을 적으면 됩니다. 여권 첫 페이지를 보면 확인할 수 있습니다.

Length of stay 체류기간

10 DAYS(10일)처럼 머무를 기간의 숫자 뒤에 DAYS(일)만 붙여 쓰면 됩니다. 9박 10일 일정이면 '10일'로 쓰면 됩니다.

Port of last departure 출발지

인천국제공항에서 출발한 경우, INCHEON(인천)이라고 쓰세요.

Flight number 항공편명

Signature 서명, 사인

입국할 때

03 입국심사
04 수하물 찾기

03 입국심사

○ 다음 대화를 듣고 따라 말해 보세요. 🎧 03-1

대화 A

직원 **What is the purpose of your visit?**
왓 이즈 더 펄퍼스 어브 유얼 비짓

진수 **I'm here** for sightseeing.
아임 히얼 폴 싸잇씨잉

대화 B

직원 **How long will you be staying?**
하우 롱 윌 유 비 스테잉

수지 **I plan to stay for** ten days.
아이 플랜 투 스테이 폴 텐 데이즈

패턴 05 **I'm here +** 입국 이유 . 여기 ~하러 왔어요.

I'm은 I am의 줄임 형태로 '나는 ~입니다', '나는 ~에 있다'라는 의미입니다. 여기서는 후자의 의미로 썼습니다. here은 '여기에, 이곳에'라는 뜻으로, I'm here 뒤에 for, on 같은 전치사와 함께 입국 이유를 쓰면 '내가 여기에 ~때문에 있다', 즉 '여기 ~하러 왔다'라고 방문 목적을 나타낼 수 있습니다. 한편, 입국 목적을 물을 때 What brings you here?(무엇이 당신을 여기로 데리고 왔나요?/여기에 왜 오셨나요?)라고 말하기도 합니다.

패턴 05 여기 관광하러 왔어요.
패턴 06 열흘 동안 머물 계획이에요.

○ 비행기에서 내린 후, 그 나라에 들어가려면 입국심사를 통과해야 합니다.
가장 많이 물어보는 질문인 입국 목적과 입국 기간에 답하는 표현을 익혀 봅시다.

대화 A

직원 방문 목적이 무엇입니까?
진수 여기 관광하러 왔어요.

대화 B

직원 얼마나 머무르실 건가요?
수지 열흘 동안 머물 계획이에요.

새로 나온 단어

purpose [펄퍼스] 목적
visit [비짓] 방문
sightseeing [싸잇씨잉] 관광
stay [스테이] 머무르다
plan [플랜] 계획하다
ten [텐] 열, 10
day [데이] 일, 날

패턴 06 **I plan to stay for +** ⬚기간⬚ **.** ~동안 머물 계획이에요.

입국 기간에 대한 질문을 받았을 때 활용할 수 있는 패턴입니다. 'plan to + 동사'는 '~할 계획이다'라는 뜻으로, 미래의 계획이나 일정을 말할 때 쓸 수 있습니다. stay는 '머무르다'란 뜻의 동사이고, for은 여기서 '~동안'이라는 뜻으로 썼습니다. I plan to stay는 생략하고 간단하게 For ten days.(열흘 동안이요.)처럼 'For + 기간.'으로만 답해도 됩니다.

43

| 패턴 05 연습하기 | **여기 ~하러 왔어요.** |

○ 빈칸에 단어를 넣어 말해 보세요. 🎧 03-2

I'm here ☐.
여기 ☐ 왔어요.

on vacation
온 베이케이션
휴가로

on business
온 비즈니스
출장으로

to visit my friend[1]
투 비짓 마이 프렌드
친구를 만나러

to study English
투 스터디 잉글리쉬
영어를 공부하러

---

1 to visit my friend 'I'm here to + 동사'의 형태로 쓰면 '난 여기 ~하러 왔어요'라는 의미가 됩니다. visit은 동사로는 '방문하다'란 뜻인데요, friend(친구) 대신 내가 외국에서 만나고자 하는 사람을 넣어서 '~를 만나러 왔어요'라고 표현할 수 있습니다. my(나의) 뒤에 relatives[렐러티브즈: 친척], family[패밀리: 가족], daughter[도털: 딸], son[쏜: 아들] 등을 넣어 다양하게 말해 보세요.

| 패턴 06 연습하기 | ~동안 머물 계획이에요. |

○ 빈칸에 단어를 넣어 말해 보세요. 🎧 03-3

I plan to stay for ☐.
☐ 동안 머물 계획이에요.

three days 쓰리 데이즈 사흘 	**a week** 어 윅 일주일	**two weeks** 투 윅스 2주 
a month 어 먼쓰 한 달 	**two months** 투 먼쓰 두 달 	**about ten days**[1] 어바웃 텐 데이즈 열흘 정도

■ **기간을 나타내는 표현** 숫자 뒤에 day[데이: 일], week[윅: 주], month[먼쓰: 달]을 넣으면 기간을 나타낼 수 있습니다. 이때, 숫자가 2 이상일 때는 days[데이즈], weeks[윅스], months[먼쓰]처럼 단어 뒤에 s를 붙여 복수로 써야 합니다.

1 about ten days about은 '~정도'라는 뜻인데요, 정확한 기간이 아닌 대략적인 기간을 나타내고 싶을 때는 숫자 앞에 about을 붙여 주세요.

대화하기 두근두근 입국심사

🎧 다음 대화를 듣고 따라 말해 보세요. 03-4

수지가 떨리는 마음으로 입국심사를 기다리고 있습니다. 어느덧 수지의 차례가 되었네요.

직원 **Your passport, please.**
유얼 패스폴트 플리즈

passport 여권

수지 **Here you are.**
히얼 유 알

직원 **What brings you here?**
왓 브링즈 유 히얼

bring 데려오다, 가져오다

수지 **I'm here for sightseeing.**
아임 히얼 폴 싸잇씨잉

직원 **How long do you intend to stay?**
하우 롱 두 유 인텐드 투 스테이

intend 의도하다

수지 **I plan to stay for ten days.**
아이 플랜 투 스테이 폴 텐 데이즈

직원 **Where will you stay?**
웨얼 윌 유 스테이

수지 **I will stay at the Marriott Hotel.**
아이 윌 스테이 앳 더 메리엇 호우텔

직원	여권 주세요.
수지	여기 있습니다.
직원	이곳에 왜 오셨습니까?
수지	**여기 관광하러 왔어요.**
직원	얼마 동안 머무르실 건가요?
수지	**열흘 동안 머물 계획이에요.**
직원	어디에 머무르실 거죠?
수지	메리엇 호텔에서 머물 거예요.

확인하기 03 입국심사

정답 214쪽

A 빈칸에 들어갈 알맞은 단어를 [보기]에서 골라 쓰세요.

> 보기   purpose | plan | sightseeing | stay

① 여기 관광하러 왔어요.
I'm here for _____.

② 열흘 동안 머물 계획이에요.
I _____ to _____ for ten days.

③ 방문 목적이 무엇입니까?
What is the _____ of your visit?

B 보기에서 알맞은 표현을 찾아 다음 문장을 완성하세요.

> 보기   a week | to visit my friend | on vacation | about ten days

① 여기 친구를 만나러 왔어요.
I'm here _____.

② 여기 휴가로 왔어요.
I'm here _____.

③ 일주일 동안 머물 계획입니다.
I plan to stay for _____.

④ 약 열흘 정도 머물 계획입니다.
I plan to stay for _____.

04 수하물 찾기

○ 다음 대화를 듣고 따라 말해 보세요. 04-1

대화 A

직원: **What's your** flight number?
왓츠   유얼   플라잇   넘벌

수지: KE 123.
케이 이   원 투 쓰리

대화 B

직원: **Do you have** your baggage claim ticket?
두   유   해브   유얼   배기쥐   클레임   티킷

진수: Yes. Here you are.
예쓰   히얼   유   알

패턴 07 **What's your +** 명사 **?** 당신의 ~는 무엇인가요?

What's는 What is의 줄임말로 '~는 무엇입니까?'라는 뜻이고, your은 '당신의'라는 뜻입니다. 따라서 What's your~?은 '당신의 ~는 무엇입니까?'란 의미가 되지요. 상대방과 관련된 정보를 물어볼 때 쓸 수 있는 패턴입니다. 입국심사 때도 많이 들을 수 있는데요, 이 패턴으로 이름, 주소, 전화번호 같은 개인정보를 물어볼 수 있습니다.

패턴 07 항공편 번호가 무엇입니까?
패턴 08 수하물 찾는 표 갖고 계세요?

○ 입국심사를 마치면 회전식 컨베이어에서 한국에서 부친 짐을 찾을 수 있습니다. 수하물과 관련해서 공항 직원에게 들을 수 있는 표현을 익혀 봅시다.

대화 A

직원 항공편 번호가 무엇입니까?

수지 KE 123입니다.

대화 B

직원 수하물 찾는 표 갖고 계세요?

진수 네. 여기 있습니다.

새로 나온 단어

flight [플라잇] 항공편
number [넘벌] 숫자, 번호
baggage [배기쥐] 수하물
claim [클레임] 요구, 청구
ticket [티킷] 표

baggage claim ticket은 수하물을 찾을 수 있는 표입니다. 탑승수속을 할 때 직원이 수하물과 탑승권 뒤쪽에 각각 붙여 주지요.

패턴 08 Do you have + 명사 ? ~를 갖고 계세요?

have는 '~를 가지고 있다'라는 뜻이므로, 의문문인 Do you have ~?는 '당신은 ~를 갖고 있습니까?'라는 뜻이 됩니다. 상대방이 갖고 있는 물건을 확인할 때 쓸 수 있는 패턴으로, 보안검색대나 세관에서 많이 들을 수 있어요. 대답은 Yes, I do.(네, 있습니다.) 또는 No, I don't.(아니요, 없습니다.)라고 하면 됩니다.

패턴 07 연습하기: 당신의 ~는 무엇인가요?

○ 빈칸에 단어를 넣어 말해 보세요. 🎧 04-2

What's your ☐?
당신의 ☐는 무엇인가요?

name[1]
네임
이름

home address
홈 애드레쓰
집 주소

nationality
내셔낼러티
국적

phone number
포운 넘벌
전화번호

seat number
씻 넘벌
좌석 번호

final destination
파이널 데스터네이션
최종 목적지

---

1 name 우리나라는 '박수지'처럼 '성+이름'의 순서로 말하지만 영어에서는 거꾸로 Susie Park(수지 박)처럼 '이름+성'의 순서로 말합니다. 이름(名)은 first name[펄스트 네임: 앞에 오는 이름], 또는 given name[기븐 네임: (부모님께) 받은 이름]이라 하며, 성(姓)은 last name[라스트 네임: 마지막에 오는 이름] 또는 family name[패밀리 네임: 가족 이름]이나 surname[썰네임: 성]이라고 합니다.

패턴 08 연습하기 ~를 갖고 계세요?

○ 빈칸에 단어를 넣어 말해 보세요. 04-3

Do you have ☐?
☐를 갖고 계세요?

any liquids
에니 리퀴즈
액체류

any sharp objects
에니 샤프 아브젝스
날카로운 물건들

any carry-on bags
에니 캐리 언 백스
기내용 가방

anything to declare[1]
에니씽 투 디클레얼
세관 신고할 것
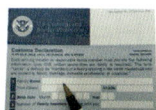

■ **any** any는 의문문에서 '어떤, 무슨'이란 뜻으로 씁니다. any 뒤에는 명사가 오는데, 굳이 any의 뜻을 해석할 필요는 없습니다.

1 anything to declare declare은 '(세관에) 신고하다'란 뜻입니다. 짐을 찾아 나가면 세관 검사장이 나오는데, 입국 국가의 규정에 따라 세관 신고가 필요한 경우에만 신고하면 됩니다. 신고할 게 없으면, No, I have nothing to declare.[노우, 아이 해브 나씽 투 디클레얼: 아뇨. 신고할 게 없습니다.]라고 말하세요.

대화하기 짐 찾아 삼만리

🎧 다음 대화를 듣고 따라 말해 보세요. 04-4

입국심사를 통과한 진수가 가벼운 발걸음으로 짐을 찾으러 가고 있습니다.

진수 **Where is the baggage claim area?**
웨얼 이즈 더 배기쥐 클레임 에리어

직원 **What's your flight number?**
왓츠 유얼 플라잇 넘벌

진수 **OZ 234.**
오우 지 투 쓰리 폴

직원 **You can pick up your luggage on carrousel**
유 캔 픽 업 유얼 러기쥐 온 캐러쎌
number 7. It's over there.
넘벌 쎄븐 잇츠 오우벌 데얼

carrousel 회전식 컨베이어

아무리 기다려도 컨베이어에서 짐이 나오지 않네요. 걱정이 된 진수가 직원에게 물어 봅니다.

진수 **Excuse me. I can't find my luggage.**
익스큐즈 미 아이 캔트 파인드 마이 러기쥐

직원 **Do you have your baggage claim ticket?**
두 유 해브 유얼 배기쥐 클레임 티킷

진수 **Yes. Here it is.**
예쓰 히얼 잇 이즈

진수	수하물 찾는 곳이 어디인가요?
직원	**항공편 번호가 어떻게 되시죠?**
진수	OZ 234입니다.
직원	7번 컨베이어에서 수하물을 찾으실 수 있어요. 저쪽이에요.
진수	실례합니다. 제 짐을 찾을 수가 없어요.
직원	**수하물 찾는 표 갖고 계시나요?**
진수	네. 여기 있어요.

확인하기 04 수하물 찾기

정답 215쪽

A 빈칸에 들어갈 알맞은 단어를 [보기]에서 찾아 쓰세요.

> 보기 here | number | have | claim

① 항공편 번호가 무엇입니까?
What's your flight _____ ?

② 수하물 찾는 표 갖고 계세요?
Do you _____ your baggage _____ ticket?

③ 여기 있습니다.
_____ you are.

B 보기에서 알맞은 표현을 찾아 다음 문장을 완성하세요.

> 보기 any liquids | name | anything to declare | home address

① 당신의 이름은 무엇입니까?
What's your _____ ?

② 당신의 집 주소는 무엇입니까?
What's your _____ ?

③ 액체류를 갖고 계시나요?
Do you have _____ ?

④ 세관 신고할 것 있으세요?
Do you have _____ ?

영어를 찾아라! 입국(공항 도착) 🎧 04-5

Arrival 도착

최종 목적지에 도착하면 비행기에서 내린 후, arrival[어라이벌: 도착] 표지판을 따라 이동하면 됩니다. 반대로 비행기를 타고 귀국할 때에는 공항에서 Departure[디팔철: 출발]이라고 쓴 표지판을 따라가면 되지요.

Transfer 환승

직항을 이용하지 않고 다른 비행기로 갈아타야 하는 경우에는, Transfer[트랜스펄: 환승]이나 Flight connections[플라잇 커넥션즈: 비행 연결편]이라고 쓴 표지판을 따라 이동하세요. 다음에 탈 비행기의 탑승구는 전광판에서 확인할 수 있어요.

Passport control 출입국 관리소

passport는 '여권', control은 '통제소, 검사소'란 뜻으로, passport control[패스폴트 컨트로울]은 여권을 내고 입국심사를 받는 '출입국 관리소'를 의미합니다. 여권과 입국 신고서를 미리 준비해 두었다가 입국심사를 받으면 되지요.

Visitors 방문자

입국심사 때는 Visitors(방문자), Non-citizen(시민권자 아님), Foreigner(외국인) 구역으로 이동해 기다렸다가 입국심사를 받으세요. 영국 등 유럽의 경우는 EU Passports(EU 여권) 구역 대신 All other passports(다른 모든 여권) 구역에 가서 대기하면 됩니다.

Baggage claim 수하물 찾는 곳

baggage는 '짐, 수하물', claim은 '청구'란 뜻이에요. 비행기에 타기 전에 부쳤던 짐을 찾는 장소를 Baggage claim[배기쥐 클레임]이라고 합니다. 영국에서는 Baggage reclaim[배기쥐 리클레임]이라고 하지요.

Customs control 세관 검사장

customs[커스텀즈]는 '세관'이란 뜻입니다. 세관 검사장에서는 기내에서 작성한 세관신고서를 제출하면 보통은 바로 통과됩니다. 짐이 많거나 수상쩍어 보일 경우에만 따로 검사를 받지요. 그렇지 않은 경우에는 그냥 입국장으로 나가면 됩니다.

Trains / Buses 기차 / 버스

공항에서 시내로 이동할 때는 Train(기차), Bus(버스), Shuttle(정기 왕복 교통편), Taxi(택시) 등의 표지판을 보고 이용하고자 하는 교통편을 찾으세요. 지하철은 영어권 국가마다 표기 방식이 제각각인데, Subway, Metro, Underground라고 씁니다.

Rent-a-car 렌터카

공항에는 차를 대여할 수 있는 렌터카 업체가 많이 있습니다. rent는 '빌리다', car은 '자동차'란 뜻으로, rent-a-car[렌터칼]은 임대자동차, 즉 '렌터카'를 의미합니다. Car rental[칼 렌털: 차 임대]라고 써 있기도 합니다.

생생 여행정보

세관신고서 작성하기

입국 시, 세관을 통과할 때는 세관신고서를 제출해야 합니다. 입국신고서와 마찬가지로 개인정보를 작성한 다음, 세관 내용을 읽고 YES(네)나 NO(아니요)에 체크하세요.

Number of Family members traveling with you
당신과 함께 여행하는 가족 수

U.S. Street Address (hotel name/destination)
미국 거리 주소 (호텔 이름/목적지)

Passport issued by (country)
여권 발급 (국가)

Passport number 여권 번호

Country of Residence 거주 국가

Countries visited on this trip prior to U.S. arrival
미국에 도착하기 전에 방문한 나라

Airline/Flight No 항공편명

I am bringing
본인은 (아래 항목을) 소지하고 있습니다.

(a) **fruits, vegetables, plants, seeds, food, insects**
과일, 야채, 식물, 씨앗, 식품, 곤충

(b) **meats, animals, animal/wildlife products**
육류, 동물, 동물/야생동물 제품

(c) **disease agent, cell cultures, snails**
병원균, 세포 배양물, 달팽이

(d) **soil or have been on a farm**
흙, 또는 농장에 다녀온 적이 있습니다

I have been in close proximity of livestock.
본인은 가축과 가까이 지냈습니다.

I am carrying currency or monetary instruments over $10,000 U.S. or foreign equivalent.
본인은 만 달러 이상의 외화 또는 금전적 수단을 가지고 있습니다.

VISITORS-the total value of all articles that will remain in the U.S., including commercial merchandise is:
방문자–상업적인 물품을 비롯해 미국에서 소지할 물품의 전체 금액:

교통 이용할 때

05 버스
06 택시
07 지하철

05 버스

○ 다음 대화를 듣고 따라 말해 보세요. 🎧 05-1

대화 A

진수: **Which bus goes to** Times Square?
위취 버쓰 고우즈 투 타임스 스퀘얼

행인: The number 10 bus.
더 넘벌 텐 버쓰

대화 B

수지: **Does this bus go to** Times Square?
더즈 디쓰 버쓰 고우 투 타임스 스퀘얼

버스기사: No. You should take the number 10 bus.
노우 유 슈드 테익 더 넘벌 텐 버쓰

패턴 09 **Which bus goes to +** 장소 **?** 어떤 버스가 ~에 가나요?

which는 '어떤, 어느'란 뜻으로, which bus라고 하면 '어떤 버스'가 됩니다. 한편, 한국어에서는 '시청에 간다'처럼 '장소 + 가다(동사)'의 순서로 말하지만 영어로는 '가다(동사) + 장소'의 순서로 말합니다. 따라서 동사 goes to 뒤에 장소를 넣어 원하는 목적지로 가는 버스를 물어볼 수 있습니다.

패턴 09 **어떤 버스가 타임스 스퀘어에 가나요?**
패턴 10 **이 버스 타임스 스퀘어에 가요?**

○ 버스는 바깥 풍경을 감상하며 여행할 수 있어서 많이 이용하는 대중교통수단입니다. 목적지로 가는 버스를 묻고, 버스의 목적지를 확인하는 표현을 익혀 봅시다.

대화 A

진수: 어떤 버스가 타임스 스퀘어에 가나요?
행인: 10번 버스요.

대화 B

수지: 이 버스 타임스 스퀘어에 가요?
버스기사: 아뇨. 10번 버스를 타셔야 합니다.

새로 나온 단어

which [위취] 어떤
bus [버쓰] 버스
square [스퀘얼] 광장
should [슈드] ~해야 한다
take [테익] (교통수단을) 타다

Times Square는 극장가와 상업가가 교차하는 미국 뉴욕의 유명 관광지입니다. 발음은 두 단어가 붙어 [타임스퀘어]에 가깝게 들립니다.

패턴 10 **Does this bus go to + 장소 ?** 이 버스 ~에 가나요?

버스가 내가 원하는 목적지로 향하는지 버스기사에게 확인할 때 쓸 수 있는 패턴입니다. Does this bus go to ~ 뒤에 내가 가고자 하는 장소 이름만 넣어 주면 되지요. this bus는 '이 버스'인데, 버스 정류장에서 멀리 떨어져 있는 버스를 가리키며 목적지를 확인하고 싶을 때는 this(이) 대신 that(저)을 써서 Does that bus go to ~?로 물어보세요.

패턴 09 연습하기

어떤 버스가 ~에 가나요?

○ 빈칸에 단어를 넣어 말해 보세요. 🎧 05-2

Which bus goes to ☐?
어떤 버스가 ☐에 가나요?

the concert hall
더 칸설트 홀
연주회장, 콘서트 홀

the baseball stadium
더 베이스볼 스테이디엄
야구장

the British Museum[1]
더 브리티쉬 뮤지엄
대영 박물관

Victoria Station
빅토리어 스테이션
빅토리아 역

1 the British Museum 대영 박물관은 영국 런던에 위치한 세계 최대의 박물관 중 하나로, British는 '영국의', museum은 '박물관'을 뜻합니다. 이곳에서는 고대 이집트, 그리스, 중국 등 세계 각국의 다양한 유물을 전시하고 있습니다. 영국이 제국주의 시대에 세계 각지에서 가져온 유물들도 많아서 소유권 논쟁이 벌어지기도 합니다. 그리스에서 반환을 요구하고 있는 파르테논 신전 조각품이 대표적인 경우지요.

패턴 10 연습하기

이 버스 ~에 가나요?

○ 빈칸에 단어를 넣어 말해 보세요. 🎧 05-3

Does this bus go to ☐?
이 버스 ☐에 가나요?

Wall Street[1]
월 스트릿
월가

Fifth Avenue[1]
피프쓰 애버뉴
5번가

City Hall
씨티 홀
시청

Chicago
쉬카고우
시카고

Manly Beach
맨리 비취
만리 해변

Chinatown[2]
차이나타운
차이나타운

1 Wall Street / Fifth Avenue street과 avenue는 둘 다 '거리, 길'을 뜻하는 단어로, 도로 이름에 씁니다. 뉴욕에서 street은 동서로 이어진 도로를 말하고, avenue는 남북으로 이어진 도로를 말해요.

2 Chinatown China는 '중국', town은 '마을'이란 뜻으로, Chinatown은 말 그대로 중국인 거주 지역을 뜻해요. 미국 샌프란시스코의 차이나타운은 인구가 4만 명이 넘을 정도로 규모가 큰데, 중국 음식점과 가게가 밀집되어 있습니다.

대화하기 나홀로 버스 여행

○ 다음 대화를 듣고 따라 말해 보세요. 05-4

수지가 버스 정류장에서 타임스 스퀘어로 가는 버스를 찾고 있습니다.

수지 **Excuse me. Which bus goes to Times Square?**
익스큐즈 미 위취 버쓰 고우즈 투 타임스 스퀘얼

행인 Take the number 10 bus.
테익 더 넘벌 텐 버쓰

수지 Thank you.
쌩큐

잠시 후, 수지가 10번 버스에 올라탔습니다.

수지 **Does this bus go to Times Square?**
더즈 디쓰 버쓰 고우 투 타임스 스퀘얼

버스기사 Yes, it does.
예쓰 잇 더즈

수지 Please tell me when we get there.
플리즈 텔 미 웬 위 겟 데얼

버스기사 Okay. I'll let you know.
오우케이 아일 렛 유 노우

수지	실례합니다. **어떤 버스가 타임스 스퀘어에 가나요?**
행인	10번 버스를 타세요.
수지	감사합니다.
수지	**이 버스 타임스 스퀘어 가나요?**
버스기사	네, 갑니다.
수지	거기 도착하면 알려 주세요.
버스기사	알았습니다. 알려드릴게요.

확인하기 05 버스

정답 215쪽

A 빈칸에 들어갈 알맞은 단어를 [보기]에서 골라 쓰세요.

> 보기 number which go take

① 어떤 버스가 타임스 스퀘어에 가나요?
   _____ bus goes to Times Square?

② 이 버스 타임스 스퀘어에 가요?
   Does this bus _____ to Times Square?

③ 10번 버스를 타셔야 합니다.
   You should _____ the _____ 10 bus.

B 보기에서 알맞은 표현을 찾아 다음 문장을 완성하세요.

> 보기 Fifth Avenue the baseball stadium
>   Victoria Station City Hall

① 어떤 버스가 빅토리아 역에 갑니까?
   Which bus goes to _____?

② 어떤 버스가 야구장에 갑니까?
   Which bus goes to _____?

③ 이 버스 5번가에 가나요?
   Does this bus go to _____?

④ 이 버스 시청에 가나요?
   Does this bus go to _____?

06 택시

○ 다음 대화를 듣고 따라 말해 보세요. 🎧 06-1

대화 A

택시기사 **Where can I take you?**
웨얼 캔 아이 테익 유

수지 **Could you take me to the Sun Hotel?**
쿠드 유 테익 미 투 더 썬 호우텔

대화 B

진수 **How long does it take to get to the hotel?**
하우 롱 더즈 잇 테익 투 겟 투
더 호우텔

택시기사 **It takes about 30 minutes.**
잇 테익스 어바웃 써티 미니츠

패턴 11 **Could you take me to +** 장소 **?**
~로 가 주시겠어요?

택시기사에게 목적지를 말할 때는, 정중하게 부탁할 때 쓰는 'Could you + 동사?'와 동사 take(데리고 가다)을 활용해서 Could you take me to ~?(저를 ~로 데리고 가 주시겠어요?)라고 말하면 됩니다. 또는, 앞에서 배운 please를 사용해서 'To + 장소, please.'라고 간단하게 말할 수도 있습니다.

패턴 11 썬 호텔로 가 주시겠어요?

패턴 12 호텔에 도착하는 데 얼마나 걸리나요?

○ 일정에 쫓기거나 몸이 지쳤을 때는 요금은 좀 비싸지만 택시를 이용하면 편리합니다. 택시기사에게 목적지를 말하고 목적지까지 걸리는 시간을 묻는 표현을 익혀 봅시다.

대화 A

택시기사 어디로 모셔다 드릴까요?

수지 썬 호텔로 가 주시겠어요?

대화 B

진수 호텔에 도착하는 데 얼마나 걸리나요?

택시기사 30분 정도 걸립니다.

새로 나온 단어

take [테익] (사람을) 데리고 가다, (시간이) 걸리다

how long [하우 롱] 얼마나 오래

get [겟] 도착하다

about [어바웃] 대략, 약

thirty [썰티] 서른, 30

minute [미닛] 분

패턴 12 **How long does it take to get to +** 장소 **?**
~에 도착하는 데 얼마나 걸리나요?

How long은 '얼마나 오래'라는 뜻으로 시간이나 기간을 물을 때 쓸 수 있는 표현입니다. 동사 take에는 뜻이 여러 개가 있는데, 여기서는 '(시간이) 걸리다'라는 의미로 쓰였어요. 그래서 'How long does it take to + 동사?'는 어떤 일을 하는 데 걸리는 시간을 물어보는 패턴입니다. 이때 동사에 '~에 도착하다'라는 뜻의 'get to + 장소'를 넣으면, 도착하는 데 걸리는 소요시간을 묻는 표현이 됩니다.

패턴 11 연습하기

~로 가 주시겠어요?

● 빈칸에 단어를 넣어 말해 보세요. 06-2

Could you take me to ☐?
☐ 로 가 주시겠어요?

this address
디쓰 애드레쓰
이 주소

Sydney Tower[1]
씨드니 타우얼
시드니 타워

the GE Building[2]
더 쥐이 빌딩
GE 빌딩

Tower Bridge
타우얼 브리쥐
타워 브리지

1 Sydney Tower tower는 '탑'을 의미하는데, 주로 전망대가 있는 고층건물을 이렇게 부릅니다. 파리의 Eiffel Tower(에펠탑)이 특히 유명하지요.

2 the GE Building 본래 이름은 General Electric Building[제너럴 일렉트릭 빌딩]인데, 앞 글자만 따서 간단하게 GE Building이라고 부릅니다. building은 '건물'이라는 뜻이지요. 이 건물은 뉴욕에 위치한 70층짜리 고층건물인데, 발명가 에디슨이 설립한 전기회사 GE가 이 건물에 위치하고 있습니다.

패턴 12 연습하기

~에 도착하는 데 얼마나 걸리나요?

○ 빈칸에 단어를 넣어 말해 보세요. 🎧 06-3

How long does it take to get to the ☐ ?

☐ 에 도착하는 데 얼마나 걸리나요?

airport
에얼폴트
공항

bus station[1]
버쓰 스테이션
버스 터미널

university
유니벌서티
대학교

beach
비취
해변

mall[2]
몰
쇼핑몰

city center
씨티 쎈털
시내 중심부

1 bus station 장거리 버스를 탈 수 있는 버스 터미널은 bus terminal[버쓰 털미늘]이라고도 합니다. 한편, 영국에서는 장거리 버스를 coach[코우취]라고 하므로, coach station[코우취 스테이션]이라고 하지요.

2 mall 다양한 상점이 모여 있는 쇼핑몰은 shopping mall[샤핑 몰]이라고도 하지만 그냥 mall이라고만 해도 됩니다. shopping center[샤핑 쎈털]이라고 부르기도 해요.

대화하기 빠르고 편안한 택시

🔸 다음 대화를 듣고 따라 말해 보세요. 🎧 06-4

관광에 지칠 대로 지친 수지가 호텔로 돌아가려고 택시를 잡았습니다.

택시기사 Where are you going?
웨얼 알 유 고우잉

수지 **Could you take me to the Sun Hotel?**
쿠드 유 테익 미 투 더 썬 호우텔

택시기사 Sure.
슈얼

수지 **How long does it take to get to the hotel?**
하우 롱 더즈 잇 테익 투 겟 투 더 호우텔

택시기사 It usually takes about 20 minutes.　　**usually** 보통
잇 유쥬얼리 테익스 어바웃 트웬티 미니츠

호텔 바로 앞에서 신호가 걸렸습니다. 수지가 미리 내리려고 택시기사에게 물었습니다.

수지 Can you stop here, please?
캔 유 스탑 히얼 플리즈

택시기사 Okay. The total is 25 dollars.　　**total** 전체의
오우케이 더 토우틀 이즈 트웬티 파이브 달러즈

수지 Keep the change.　　**change** 잔돈
킵 더 췌인쥐

택시기사	어디 가세요?
수지	**썬 호텔로 가 주시겠어요?**
택시기사	물론이죠.
수지	**호텔에 도착하는 데 얼마나 걸리나요?**
택시기사	보통 20분 정도 걸립니다.
수지	여기서 세워 주시겠어요?
택시기사	알겠습니다. 전부 해서 25달러입니다.
수지	잔돈은 가지세요.

확인하기 06 택시

정답 216쪽

A 빈칸에 들어갈 알맞은 단어를 [보기]에서 골라 쓰세요.

| 보기 | long | take | minutes | get |

① 호텔에 도착하는 데 얼마나 걸리나요?
How _____ does it take to _____ to the hotel?

② 썬 호텔로 가 주시겠어요?
Could you _____ me to the Sun Hotel?

③ 30분 정도 걸립니다.
It takes about 30 _____.

B 보기에서 알맞은 표현을 찾아 다음 문장을 완성하세요.

| 보기 | airport | beach | this address | Tower Bridge |

① 이 주소로 데려다 주시겠어요?
Could you take me to _____?

② 타워 브리지로 데려다 주시겠어요?
Could you take me to _____?

③ 공항에 도착하는 데 얼마나 걸려요?
How long does it take to get to the _____?

④ 해변에 도착하는 데 얼마나 걸려요?
How long does it take to get to the _____?

07 지하철

○ 다음 대화를 듣고 따라 말해 보세요. 🎧 07-1

대화 A

수지 **Do you know where** the ticket office **is**?
두 유 노우 웨얼 더 티킷 오피스 이즈

행인 It's downstairs.
잇츠 다운스테얼즈

대화 B

직원 Can I help you?
캔 아이 헬프 유

진수 **I need** a one-day pass.
아이 니드 어 원 데이 패쓰

패턴 13 Do you know where + 장소 + is?
~가 어디 있는지 아세요?

장소가 어딘지 물을 때는 간단하게 'Where is + 장소?'로 말할 수도 있는데요, '~가 어디 있습니까?'보다는 '~가 어디에 있는지 아십니까?'라고 물으면 좀 더 부드러운 느낌이 드는 것처럼, Do you know(당신은 아십니까)를 앞에 넣으면 좀 더 공손하게 들립니다. 다른 문장 속에 들어간 의문문이므로 어순이 'where + 장소 + is'로 바뀌는 점에 주의하세요.

패턴 13 매표소가 어디 있는지 아세요?
패턴 14 일일 승차권이 필요합니다.

○ 뉴욕, 런던, 토론토 같은 대도시에는 지하철이 있어서 시내를 이동하기 편리합니다. 지하철이나 기차를 탈 때 쓸 수 있는 표현을 배워 봅시다.

대화 A

수지   매표소가 어디 있는지 아세요?

행인   아래층에 있습니다.

대화 B

직원   도와드릴까요?

진수   일일 승차권이 필요합니다.

새로 나온 단어

know [노우] 알다

ticket office [티킷 오피스] 매표소

downstairs [다운스테얼즈] 아래층

need [니드] ~를 필요로 하다

one-day pass [원 데이 패쓰] 일일 승차권

패턴 14 **I need +** 물건 **.**
        ~가 필요합니다.

need는 '~를 필요로 하다'라는 뜻의 동사입니다. I need 뒤에 내가 필요로 하는 물건을 넣으면 '~가 필요합니다'라고 간단하게 문장을 만들 수 있습니다. 물건이 셀 수 있는 명사일 때는 '하나의'를 뜻하는 a[어]나 an[언]을 앞에 넣으세요. 매표소에서 표를 구입할 때도 유용한 패턴으로, I need two bus tickets to New York.(뉴욕으로 가는 버스 표 두 장이 필요합니다.)처럼 문장을 만들 수 있습니다.

| 패턴 13 연습하기 | **～가 어디 있는지 아세요?** |

● 빈칸에 단어를 넣어 말해 보세요. 🎧 07-2

Do you know where ⬚ is?
⬚ 가 어디 있는지 아세요?

---

the ticket machine[1]
더 티킷 머쉰
표 자동판매기

Platform 1
플랫폼 원
1번 승강장

the elevator
디 엘러베이럴
엘리베이터

the luggage locker area[2]
더 러기쥐 라컬 에리어
수하물 보관함 구역

---

1 the ticket machine ticket은 '표', machine은 '기계'라는 뜻으로, ticket machine은 승객이 직접 돈을 넣고 표를 구입하는 '표 자동판매기'를 뜻합니다.

2 the luggage locker area luggage는 '수하물', locker은 '(자물쇠가 달린) 보관함', area는 '구역, 지역'이라는 뜻입니다. 보관함은 주로 여러 개가 모여 있기 때문에, 복수형을 써서 Do you know where the luggage lockers are?이라고 물어봐도 좋습니다.

패턴 14 연습하기 ~가 필요합니다.

🔸 빈칸에 단어를 넣어 말해 보세요. 🎧 07-3

I need a ☐.
☐가 필요합니다.

one-way ticket[1]
원 웨이 티킷
편도표

round-trip ticket[1]
라운드 트립 티킷
왕복표

subway map
써브웨이 맵
지하철 지도

MetroCard[2]
메트로칼드
메트로카드

1 one-way ticket / round-trip ticket 영국에서는 전혀 다르게 편도표를 single ticket[씽글 티킷], 왕복표를 return ticket[리턴 티킷]이라고 합니다.

2 MetroCard 같은 나라라도 도시에 따라 교통카드의 명칭이 다릅니다. Metro Card는 뉴욕의 대표적인 교통카드로, 샌프란시스코에서는 Clipper card[클리펄 칼드]를 씁니다. 한편, 런던에서는 Oyster card[오이스털 칼드], 시드니에서는 Opal card[오우펄 칼드]를 교통카드로 사용하지요.

대화하기 지하철 표 구입

🎧 다음 대화를 듣고 따라 말해 보세요. 07-4

지하철역에 들어간 진수가 매표소를 찾고 있습니다.

진수 **Excuse me. Do you know where the ticket office is?**
익스큐즈 미 두 유 노우 웨얼 더 티킷 오피스 이즈

행인 **Over there. Just follow that sign.** follow ~를 따라가다 sign 표지판
오우벌 데얼 줘스트 팔로우 댓 싸인

진수 **Thank you.**
쌩큐

매표소에 도착한 진수가 하루 종일 자유롭게 이용 가능한 일일 승차권을 구입하려고 합니다.

진수 **Hello. I need a one-day pass. How much is it?**
헬로우 아이 니드 어 원 데이 패쓰 하우 머취 이즈 잇

직원 **It's 7 dollars.**
잇츠 쎄븐 달럴즈

진수 **Here you are.**
히얼 유 알

직원 **Okay. Here is your pass.** pass 승차권, 출입증
오우케이 히얼 이즈 유얼 패쓰

진수	실례합니다. **매표소가 어디 있는지 아세요?**
행인	저쪽에요. 저 표지판만 따라가세요.
진수	감사합니다.
진수	안녕하세요. **일일 승차권이 필요합니다.** 얼마죠?
직원	7달러입니다.
진수	여기 있습니다.
직원	네. 여기 승차권입니다.

확인하기 07 지하철

정답 216쪽

A 빈칸에 들어갈 알맞은 단어를 [보기]에서 골라 쓰세요.

> 보기   pass | downstairs | ticket | know

① 매표소가 어디 있는지 아세요?
Do you _____ where the _____ office is?

② 일일 승차권이 필요합니다.
I need a one-day _____.

③ 아래층에 있습니다.
It's _____.

B 보기에서 알맞은 표현을 찾아 다음 문장을 완성하세요.

> 보기   the ticket machine | the elevator
> one-way ticket | subway map

① 엘리베이터가 어디 있는지 아세요?
Do you know where _____ is?

② 표 자동판매기가 어디 있는지 아세요?
Do you know where _____ is?

③ 편도표가 필요합니다.
I need a _____.

④ 지하철 지도가 필요합니다.
I need a _____.

영어를 찾아라! 교통 07-5

ground transportation
지상 교통수단

ground는 '지상, 땅',이란 뜻이고 transportation은 '교통'을 의미합니다. 따라서 두 단어가 조합된 ground transportation[그라운드 트랜스폴테이션]은 지상에서 다니는 택시, 버스, 기차 같은 교통수단을 말합니다.

station 역, 정거장

station은 열차나 장거리 버스가 정기적으로 멈추는 정거장을 의미합니다. 지하철역은 subway station[써브웨이 스테이션], 기차역은 train station [트레인 스테이션], 장거리 버스역은 bus station[버쓰 스테이션]이라고 합니다.

bus stop 버스 정류장

stop은 '멈추다, 정지'란 뜻이에요. 그래서 버스가 멈췄다가 승객을 태우고 출발하는 버스 정류장을 bus stop[버쓰 스탑]이라고 합니다.

underground 지하철

영국에서는 지하철을 미국처럼 subway라고 하지 않고 underground[언덜그라운드]라고 합니다. under은 '~아래', ground는 '땅'이란 뜻이므로 땅 아래에 있는 지하철을 나타낸다고 쉽게 뜻을 유추할 수 있지요.

stop 정지

버스의 하차 벨 시스템은 버스마다 다른데, 보통은 STOP(정지)이라고 쓴 버튼을 누르면 됩니다. 뉴욕 버스 중에는 창문에 달린 줄을 당기면 되는 경우도 많습니다. 그러면 버스 앞에 붙어 있는 전광판의 STOP REQUESTED(정차 요청됨)에 불이 들어오게 됩니다.

priority seat 노약자석

priority는 '우선권', seat은 '좌석'이란 뜻인데요, 노인, 임산부, 장애인 등이 우선적으로 앉을 수 있는 노약자석을 priority seat[프라이아러티 씻]이라고 합니다.

platform 승강장

기차나 지하철에서 승객들이 타고 내리는 승강장을 platform이라고 합니다. 목적지에 따라 해당 승강장 번호가 다르므로 타기 전에 반드시 확인하고 타세요.

exit 출구

지하철에서 밖으로 나갈 때는 exit[엣짓: 출구] 또는 way out[웨이 아웃: 나가는 곳] 표시를 따라 움직이면 됩니다. 한편, 뉴욕의 지하철 출구는 우리나라처럼 번호로 되어 있지 않고, 나가면 연결되는 장소가 바로 써 있습니다.

생생 여행정보

교통수단 이모저모

외국 여행을 하다 보면
우리나라에서는 볼 수 없는
다양한 교통수단을 만날 수 있습니다.
여행을 하면서 이용할 수 있는
대표적인 교통수단에는
어떤 것이 있는지 알아 봅시다.

Eurailpass 유레일패스

일정한 기간 동안 유럽 28개국의 국유철도를 횟수에 관계없이 무제한 이용할 수 있는 교통 패스입니다. 비행기와는 달리 탑승수속 및 대기 시간이 없고, 자유롭게 유럽 여러 나라의 국경을 넘어 이동할 수 있어 편리합니다. 유럽을 여행하는 배낭여행객들이 많이 이용하는 교통수단이지요.

Greyhound 그레이하운드

설립한지 100년이 넘는 북미 지역의 유명한 장거리 버스 운행회사입니다. 경유지가 많아 시간이 오래 걸리고 좌석도 불편하지만, 기차나 항공편에 비해 값이 저렴하다는 것이 장점입니다.

Amtrack 암트랙

미국의 대표적인 철도회사로 America(미국)와 Track(기차 선로)의 합성어입니다. 광활한 미국 전역에 걸쳐 500개 이상의 도시를 연결하고 있습니다. 열차에 따라 잠을 잘 수 있는 침대차, 식사를 할 수 있는 식당차, 간단한 간식거리를 파는 라운지 차가 딸려 있는 경우도 있습니다.

yellow cab / black cab 옐로우 캡 / 블랙 캡

택시를 taxi 대신 cab[캡]이라고도 합니다. yellow cab[옐로우 캡]은 미국의 대표적인 택시 회사로, 색이 노란색(yellow)입니다. 운전석과 뒷좌석 사이에는 방탄 유리 격벽이 설치되어 있어, 뒷좌석에만 탈 수 있습니다. 팁 문화가 있는 미국에서는 요금에 더해 10-15% 정도의 팁을 더 주는 것이 일반적입니다. 한편 black cab[블랙 캡]은 영국 정부에서 운영하는 택시로, 검은색(black)의 외관에 다소 클래식한 디자인입니다. 우리나라와는 다르게 운전석 옆 앞자리는 짐을 싣는 곳이고 뒷좌석이 손님 좌석이지요.

tram 노면 전차

지하에 지하철이 있다면 지상에는 노면 전차인 tram[트램]이 있습니다. 미국에서는 샌프란시스코, 필라델피아, 보스턴 같은 도시에서 트램을 타고 시내를 이동할 수 있습니다. 독일, 프랑스, 체코 등 유럽에서도 많이 찾아볼 수 있는 교통수단입니다.

호텔에서

08 호텔 체크인
09 호텔 이용
10 호텔 문제 해결
11 호텔 체크아웃

08 호텔 체크인

○ 다음 대화를 듣고 따라 말해 보세요. 08-1

대화 A

직원 **Hello. How can I help you?**
헬로우 하우 캔 아이 헬프 유

수지 **I'd like to** check in.
아이드 라익 투 첵 인

대화 B

직원 **What kind of room would you like?**
왓 카인드 어브 룸 우드 유 라익

진수 **I'd like a room with** a single bed.
아이드 라익 어 룸 위드 어 씽글 베드

패턴 15 **I'd like to +** 행동 **.**

~하고 싶습니다.

I'd는 I would의 줄임말인데요, 'would like to+동사'는 '~하고 싶다'라는 뜻으로, 'want to+동사'를 좀 더 공손하게 표현한 것입니다. 동사는 order[올덜: 주문하다], change[췌인쥐: 바꾸다], get[겟: 받다]처럼 행동을 나타내는 말로, I'd like to 뒤에 이런 동사를 넣어 호텔, 식당, 가게 등 다양한 장소에서 자신이 원하는 것을 말할 수 있습니다.

| 패턴 15 | 체크인하고 싶습니다.
| 패턴 16 | 1인용 침대가 있는 방을 원합니다.

○ 호텔에 가면 먼저 프런트에 가서 입실 수속인 체크인을 하고 객실을 배정받아야 합니다. 이때 직원에게 원하는 것을 말하는 표현을 익혀 봅시다.

대화 A

직원 안녕하세요. 뭘 도와드릴까요?
수지 체크인하고 싶습니다.

대화 B

직원 어떤 종류의 방을 원하세요?
진수 1인용 침대가 있는 방을 원합니다.

새로 나온 단어

check in [첵 인] 체크인하다, 입실 수속을 밟다
kind [카인드] 종류
room [룸] 방
single [씽글] 1인용의
bed [베드] 침대

kind는 형용사로는 '친절한'이란 뜻이지만, 명사로는 '종류'라는 뜻이 있습니다.

패턴 16 I'd like a room with + 시설 / 전망 .
~가 있는 방을 원합니다.

'would like + 명사'는 '~를 원하다'라는 의미입니다. 그래서 I'd like a room은 '나는 방을 원합니다'란 뜻이 되는데, 뒤에 'with + 시설/전망'을 붙이면 그 시설이나 전망이 있는 방을 원한다는 의미가 됩니다. I'd like a room with a bathtub.(욕조가 있는 방을 원합니다.)처럼 원하는 시설을 말해도 되고, I'd like a room with a city view.(시내가 보이는 전망이 있는 방을 원합니다.)처럼 원하는 전망을 말해도 됩니다.

패턴 15 연습하기 ~하고 싶습니다.

○ 빈칸에 단어를 넣어 말해 보세요. 08-2

I'd like to ☐.
☐ 하고 싶습니다.

order room service[1]
올덜 룸 썰비쓰
룸서비스를 주문하다

get laundry service
겟 론드리 썰비쓰
세탁 서비스를 이용하다

change my room
췌인쥐 마이 룸
방을 바꾸다

make a reservation[2]
메익 어 레절베이션
예약하다

1 order room service order은 '주문하다'란 뜻이고, room service(룸 서비스)는 호텔에서 객실로 직접 음식을 배달해 주는 서비스를 말합니다. 보통 메뉴보다 10~15% 정도 요금이 더 비싼 편이지요.

2 make a reservation reservation은 '예약'이란 뜻인데, '예약하다'라고 할 때는 동사 make(만들다)을 써서 make a reservation이라고 합니다. 참고로 '예약을 취소하다'는 cancel my reservation[캔썰 마이 레절베이션]이라고 하지요.

패턴 16 연습하기
~가 있는 방을 원합니다.

● 빈칸에 단어를 넣어 말해 보세요. 08-3

I'd like a room with ☐.
☐ 가 있는 방을 원합니다.

a double bed
어 더블 베드
2인용 침대

twin beds[1]
트윈 베즈
1인용 침대 두 개

an ocean view[2]
언 오우션 뷰
바다 전망

a balcony
어 밸커니
발코니

1 twin beds twin은 '쌍둥이의, 한 쌍의'라는 뜻인데요, twin beds는 1인용 침대가 쌍둥이처럼 두 개 있는 것을 의미합니다.

2 an ocean view ocean은 '바다', view는 '전망'이라는 뜻입니다. 부분적으로 바다가 보이는 전망은 a partial ocean view[어 팔셜 오우션 뷰]라고 하지요. 또, 정원이 보이는 전망은 a garden view[어 갈든 뷰], 시내가 보이는 전망은 a city view[어 씨티 뷰]라고 합니다.

대화하기 드디어 호텔 입성!

🔊 다음 대화를 듣고 따라 말해 보세요 🎧 08-4

호텔에 들어간 수지가 입실 수속을 하러 프런트로 향했습니다.

수지 　Hello. **I'd like to check in.**
　　　헬로우　아이드 라익　투　**첵**　인

직원 　Do you have a reservation?
　　　두　유　해브　어　레절베이션

수지 　No. Are there any rooms available?　　　**available** 이용 가능한
　　　노우　알　데얼　에니　룸즈　어베일러블

직원 　Yes. What kind of room do you have in mind?
　　　예쓰　왓　카인드 어브 룸　두　유　해브　인　마인드

수지 　**I'd like a room with a single bed.**　　　**mind** 마음, 정신
　　　아이드 라익　어 룸　위드　어 씽글　베드

직원 　How long will you be staying?
　　　하우　롱　윌　유　비　스테잉

수지 　Two nights.
　　　투　나이츠

직원 　Okay. Here is your room key.　　　**key** 열쇠
　　　오우케이　히얼　이즈 유얼　룸　키

수지	안녕하세요. **체크인하고 싶어요.**
직원	예약하셨나요?
수지	아뇨. 이용할 수 있는 방이 있나요?
직원	네. 어떤 방을 염두에 두고 계신가요?
수지	**1인용 침대가 있는 방을 원해요.**
직원	얼마나 머무르실 건가요?
수지	이틀이요.
직원	알겠습니다. 여기 방 열쇠예요.

확인하기 08 호텔 체크인

정답 216쪽

A 빈칸에 들어갈 알맞은 단어를 [보기]에서 골라 쓰세요.

> 보기   single | like | kind | with

① 체크인하고 싶습니다.
   I'd _____ to check in.

② 어떤 종류의 방을 원하세요?
   What _____ of room would you like?

③ 1인용 침대가 있는 방을 원합니다.
   I'd like a room _____ a _____ bed.

B 보기에서 알맞은 표현을 찾아 다음 문장을 완성하세요.

> 보기   an ocean view | change my room
> order room service | a double bed

① 방을 바꾸고 싶어요.
   I'd like to _____.

② 룸서비스를 주문하고 싶어요.
   I'd like to _____.

③ 2인용 침대가 있는 방을 원해요.
   I'd like a room with _____.

④ 바다 전망이 있는 방을 원해요.
   I'd like a room with _____.

09 호텔 이용

○ 다음 대화를 듣고 따라 말해 보세요. 09-1

대화 A

진수 **Where is** the restaurant?
    웨얼   이즈 더   레스터런트

직원 It's located on the third floor.
    잇츠 로우케이티드 온 더 썰드 플로얼

대화 B

수지 **Is there** room service?
    이즈 데얼   룸   썰비쓰

직원 Yes, we offer 24-hour room service.
    예쓰 위 오펄 트웨니 폴 아우얼 룸 썰비쓰

패턴 17 Where is + 장소 ? ~는 어디에 있습니까?

내가 찾는 장소의 위치를 물을 때는 의문사 where(어디에)을 써서 Where is ~?로 간단하게 질문할 수 있습니다. 호텔 내 시설의 위치를 물을 때뿐만 아니라 관광지나 가게 등을 찾을 때도 유용하게 쓸 수 있는 표현이지요. 이때, 호텔 식당처럼 특정한 범위 내에 하나만 있다고 가정하는 장소 앞에는 the를 붙이므로 꼭 기억해 두세요.

패턴 17 식당은 어디에 있습니까?
패턴 18 룸서비스가 있나요?

○ 호텔은 투숙객들의 편의를 위해 다양한 서비스와 시설을 제공합니다.
시설과 서비스를 확인하는 표현을 익혀서 호텔을 제대로 이용해 보세요.

대화 A

진수 식당은 어디에 있습니까?

직원 3층에 위치하고 있습니다.

대화 B

수지 룸서비스가 있나요?

직원 네, 저희는 24시간 룸서비스를 제공합니다.

새로 나온 단어

restaurant [레스터런트] 식당

locate [로우케이트] 위치에 두다

third [썰드] 세 번째의

floor [플로얼] 층

room service [룸 썰비쓰] 룸 서비스 (방까지 식사를 갖다 주는 서비스)

offer [오펄] 제공하다

hour [아우얼] 시간

패턴 18 **Is there +** 서비스 / 시설 **?** ~가 있습니까?

'There is + 명사'는 '~가 있습니다'라는 뜻이므로, 의문문인 'Is there + 명사?'는 '~가 있습니까?'라는 뜻이 됩니다. 뒤에 단수 형태의 명사를 넣어 호텔의 서비스나 시설의 유무를 확인할 수 있습니다. 이때, 셀 수 있는 명사의 경우는 앞에 a나 an을 넣어 'Is there a[an] + 명사?'로 말합니다. Is there a swimming pool?(수영장이 있습니까?)처럼요.

> **패턴 17 연습하기**
> **~는 어디에 있습니까?**

○ 빈칸에 단어를 넣어 말해 보세요. 🎧 09-2

Where is the ☐ ?
☐ 는 어디에 있습니까?

front desk	**lobby**	**sauna**
프런트 데스크	라비	쏘너
프런트, 안내 데스크	로비	사우나

fitness center[1]	**convenience store**	**swimming pool**
피트니스 쎈털	컨비니언스 스토얼	스위밍 풀
헬스클럽	편의점	수영장

■ **다양한 호텔 시설** 그 외의 호텔 시설로는 간단한 식사를 제공하는 cafeteria [캐퍼티어리어: 셀프 서비스 식당], 알코올 음료를 판매하는 bar[발: 술집], 목욕 시설인 spa[스파], 출장 온 여행자들을 위해 컴퓨터와 프린트를 제공하는 business center [비즈니스 쎈털] 등이 있습니다.

1 fitness center 러닝머신 등의 운동 시설을 갖춘 곳으로, fitness는 '건강'이란 뜻이고 center은 '종합 시설'이란 뜻입니다.

패턴 18 연습하기

~가 있습니까?

○ 빈칸에 단어를 넣어 말해 보세요. 09-3

Is there ☐?
☐가 있습니까?

laundry service
론드리 썰비쓰
세탁 서비스

valet parking[1]
밸레이 팔킹
대리 주차, 발레 파킹

a wake-up call service[2]
어 웨이크 업 콜 썰비쓰
모닝콜 서비스

free WiFi
프리 와이파이
무료 와이파이

---

1 valet parking valet은 '주차원', parking은 '주차'란 뜻이에요. 고객의 차가 도착하면 직원이 직접 운전하여 전용주차장에 대신 주차해 주는 서비스를 valet parking이라고 합니다.

2 a wake-up call service '모닝콜'을 영어로는 wake-up call이라고 합니다. wake-up은 '잠을 깨우는'이라는 뜻이고 call이 '전화'라는 뜻이에요. 시간을 지정하면 그 시간에 맞춰 전화해 주는 서비스입니다.

대화하기: 금강산도 식후경

🎧 다음 대화를 듣고 따라 말해 보세요. 09-4

아침식사를 어떻게 해결해야 할지 고민 중인 진수가 프런트 직원에게 문의해 보기로 합니다.

진수 **Is there room service?**
이즈 데얼 룸 썰비쓰

직원 No, but there is a good restaurant for breakfast.
노우 벗 데얼 이즈 어 굿 레스터런트 폴 브렉퍼스트

진수 **Where is the restaurant?**
웨얼 이즈 더 레스터런트

breakfast 아침식사

직원 It is at the end of the lobby.
잇 이즈 앳 디 엔드 어브 더 라비

end 끝

진수 What time can I have breakfast?
왓 타임 캔 아이 해브 브렉퍼스트

직원 Breakfast is served from 7 to 9 a.m.
브렉퍼스트 이즈 썰브드 프럼 쎄븐 투 나인 에이 엠

serve (음식을) 제공하다

진수 Is it a buffet?
이즈 잇 어 버페이

buffet 뷔페

직원 Yes, it is.
예쓰 잇 이즈

진수	**룸서비스가 있습니까?**
직원	아뇨. 하지만 아침식사를 하실 수 있는 훌륭한 식당이 있습니다.
진수	**식당은 어디인가요?**
직원	로비 끝에 있습니다.
진수	몇 시에 아침식사를 할 수 있죠?
직원	아침식사는 오전 7시부터 9시까지 제공됩니다.
진수	뷔페인가요?
직원	네, 그렇습니다.

확인하기 09 호텔 이용

정답 217쪽

A 빈칸에 들어갈 알맞은 단어를 [보기]에서 골라 쓰세요.

> 보기   restaurant | floor | room | where

① 식당은 어디에 있습니까?
   _____ is the _____ ?

② 3층에 위치하고 있습니다.
   It's located on the third _____ .

③ 룸서비스가 있나요?
   Is there _____ service?

B 보기에서 알맞은 표현을 찾아 다음 문장을 완성하세요.

> 보기   convenience store | free WiFi
>   laundry service | swimming pool

① 편의점은 어디 있습니까?
   Where is the _____ ?

② 수영장은 어디 있습니까?
   Where is the _____ ?

③ 무료 와이파이가 있습니까?
   Is there _____ ?

④ 세탁 서비스가 있습니까?
   Is there _____ ?

10 호텔 문제 해결

○ 다음 대화를 듣고 따라 말해 보세요. 🎧 10-1

대화 A

진수: **The air conditioner doesn't work.**
디 에얼 컨디셔널 더즌 월크

직원: **Oh, I'm sorry for any inconvenience.**
오우 아임 쏘리 폴 에니 인컨비니언쓰

대화 B

직원: **Front desk. How can I help you?**
프런트 데스크 하우 캔 아이 헬프 유

수지: **There is no toilet paper.**
데얼 이즈 노우 토일릿 페이펄

패턴 19 　物건　 **+ doesn't work.** ~가 고장 났습니다.

work는 '(기계가) 작동되다'라는 뜻이므로, doesn't work는 '작동되지 않는다', 즉 '고장 났다'라는 뜻이 됩니다. 호텔 방의 에어컨, 전등, TV 같은 물건이 제대로 켜지지 않을 때는 프런트 직원에게 이 표현을 써서 말해 보세요. 한편, 물건이 지금 작동되지 않는다는 상태를 강조하고 싶을 때는 '물건 + is not working.'으로 말할 수도 있습니다.

패턴 19 에어컨이 고장 났어요.
패턴 20 화장지가 없습니다.

○ 호텔에 묵다 보면 예기치 않은 문제가 발생할 때도 있습니다.
호텔 직원에게 방에 어떤 문제가 있는지 설명하는 표현을 익혀 봅시다.

대화 A

진수 에어컨이 고장 났어요.
직원 불편을 끼쳐드려 죄송합니다.

대화 B

직원 프런트입니다. 뭘 도와드릴까요?
수지 화장지가 없습니다.

새로 나온 단어

air conditioner
[에얼 컨디셔널] 에어컨

work [월크]
(기계가) 작동되다

inconvenience
[인커비니언쓰] 불편

toilet paper [토일릿 페이펄]
두루마리 화장지

air conditioner을 줄여 쓴 '에어컨'은 콩글리쉬니까 쓰지 않도록 주의하세요.

패턴 20 **There is no +** 물건 **.** ~가 없습니다.

'There is + 명사.'는 '~가 있다'라는 뜻입니다. 반대로 '~가 없습니다'라고 말할 때는 명사 앞에 no만 넣어서 There is no + 명사.라고 말하면 됩니다. 'There is not[isn't] + 명사.' 라고 해도 같은 뜻이지만, no를 명사 앞에 쓰면 물건이 없다는 의미가 좀 더 강조됩니다. 이때, 뒤에 오는 명사는 반드시 단수 형태라는 것 잊지 마세요.

패턴 19 연습하기 ~가 고장 났습니다.

○ 빈칸에 단어를 넣어 말해 보세요. 🎧 10-2

The ☐ doesn't work.
☐가 고장 났습니다.

heater
히털
난방기

shower
샤우얼
샤워기

remote control[1]
리모웃 컨트로울
리모컨

lamp
램프
전등

telephone
텔러포운
전화기

fridge[2]
프리쥐
냉장고

1 remote control remote은 '원격의, 멀리 떨어진'이란 뜻이고 control은 '제어 장치, 통제'라는 뜻입니다. '리모콘'이라고 줄여서 말하지만 '에어컨'과 마찬가지로 올바른 영어표현이 아니므로 주의하세요.

2 fridge 냉장고는 refrigerator[리프리저레이털]이라고도 합니다. 호텔에 따라 냉장고 안에 생수나 맥주 등 음료를 구비해 놓기도 하는데요, 보통 체크아웃 때 정산해서 비용을 지불합니다.

> **패턴 20 연습하기** ~가 없습니다.

● 빈칸에 단어를 넣어 말해 보세요. 🎧 10-3

There is no ☐.
☐가 없습니다

towel 	**shampoo**	**soap** 
타우얼 수건	샘푸 샴푸	쏘웁 비누
toothbrush 	**hairdryer** 	**razor** 
투쓰브러쉬 칫솔	헤얼드라이얼 헤어드라이어	레이절 면도기

■ **호텔의 다양한 서비스 용품** 호텔에서 제공하는 세면용품, 화장품, 슬리퍼, 목욕 가운 같은 생활서비스 용품을 amenity[어메너티]라고 부릅니다. 위에 있는 물건 외에도 shower gel[샤우얼 젤: 목욕용 물비누], conditioner[컨디셔널: 린스], shower cap[샤우얼 캡: 샤워할 때 머리에 쓰는 비닐 모자], comb[코움: 빗], toothpaste[투쓰페이스트: 치약] 같은 다양한 용품을 제공하지요.

대화하기 문제투성이 호텔

🔵 다음 대화를 듣고 따라 말해 보세요. 🎧 10-4

체크인하고 방에 들어 왔는데 상태가 엉망입니다. 컴플레인을 하려고 수지가 전화기를 들었습니다.

직원　**Good evening, front desk.**
굿　이브닝　프런트　데스크

수지　**Hello. This is Room 104.**
헬로우　디쓰　이즈 룸　원 오우 폴

직원　**Yes, ma'am. How can I help you?**　　ma'am 부인
예쓰　맴　하우　캔　아이 헬프　유

수지　**The air conditioner doesn't work.**
디　에얼 컨디셔널　더즌　월크

직원　**I'm sorry. I'll send someone to check it.**　　check 확인하다
아임 쏘리　아일 쎈드　썸원　투 첵　잇

수지　**Also, there is no toilet paper.**
올쏘우　데얼　이즈 노우　토일릿　페이펄

　　　Can I move to another room?　　move 옮기다
캔　아이 무브　투　언아덜　룸

직원　**Just a moment. Let me check for you.**
쥐스트 어 모우먼트　렛 미　첵　폴 유

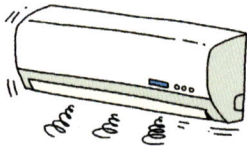

직원	안녕하세요. 프런트입니다.
수지	안녕하세요. 104호인데요.
직원	네, 손님. 어떻게 도와드릴까요?
수지	**에어컨이 고장 났어요.**
직원	죄송합니다. 확인해 보도록 사람을 보내드릴게요.
수지	게다가 **휴지도 없어요.** 다른 방으로 옮길 수 있을까요?
직원	잠시만요. 확인해 볼게요.

확인하기 10 호텔 문제 해결

정답 217쪽

A 빈칸에 들어갈 알맞은 단어를 [보기]에서 골라 쓰세요.

> 보기   work   sorry   paper   conditioner

① 에어컨이 고장 났어요.
   The air _____ doesn't _____.

② 화장지가 없습니다.
   There is no toilet _____.

③ 불편을 끼쳐드려 죄송합니다.
   Oh, I'm _____ for any inconvenience.

B 보기에서 알맞은 표현을 찾아 다음 문장을 완성하세요.

> 보기   heater   razor   towel   telephone

① 전화기가 고장 났어요.
   The _____ doesn't work.

② 난방기가 고장 났어요.
   The _____ doesn't work.

③ 수건이 없습니다.
   There is no _____.

④ 면도기가 없습니다.
   There is no _____.

97

11 호텔 체크아웃

○ 다음 대화를 듣고 따라 말해 보세요. 🎧 11-1

대화 A

직원: **I'm sorry for** the error.
아임 쏘리 폴 디 에럴

진수: That's okay.
댓츠 오우케이

대화 B

직원: How would you like to pay?
하우 우드 유 라익 투 페이

수지: **Is it possible to** pay by credit card?
이즈 잇 파써블 투 페이 바이 크레딧 칼드

패턴 21 **I'm sorry for** + 잘못한 일 . ~에 대해 죄송합니다.

사과할 때 일반적으로 가장 많이 쓰는 말은 '죄송합니다'라는 뜻의 I'm sorry.인데요, 특별히 어떤 일 때문에 사과할 때는 뒤에 'for + 잘못한 일'을 덧붙여서 말하면 됩니다. 이때, 전치사 for 뒤의 '잘못한 일'에는 명사나 동명사가 올 수 있어요. 명사는 error(실수)처럼 추상적인 개념이나 사람, 사물의 이름을 말하며, 동명사는 동사에 ing를 붙인 형태를 말합니다. 예를 들어 동사 call[콜: 전화하다]의 동명사는 calling[콜링]입니다.

패턴 21 실수해서 죄송합니다.
패턴 22 신용카드로 계산하는 게 가능한가요?

○ 호텔의 마지막 날에는 체크아웃을 하고 비용을 정산해 돈을 지불합니다.
사과할 때 쓰는 표현과 체크아웃과 관련해서 쓸 수 있는 표현을 익혀 봅시다.

대화 A

직원   실수해서 죄송합니다.
진수   괜찮아요.

대화 B

직원   어떻게 계산하시겠습니까?
수지   신용카드로 계산하는 게 가능한가요?

새로 나온 단어

sorry [쏘리] 미안한, 유감스러운
error [에럴] 실수, 오류
okay [오우케이] 괜찮은
pay [페이] (값을) 지불하다
possible [파써블] 가능한
credit card [크레딧 칼드] 신용카드

패턴 22   **Is it possible to +** 행동 **?** ~하는 것이 가능합니까?

possible은 '가능한', '할 수 있는'이란 뜻입니다. 어떤 행동에 대한 가능성을 물어보고 싶을 때는 'Is it possible to + 동사?' 패턴을 사용할 수 있습니다. 이때 가능한 일에는 Yes, it is. / Yes, you can.으로, 불가능한 일에는 'No, it isn't. / No, you can't.'로 대답할 수 있습니다.

패턴 21 연습하기 ~에 대해 죄송합니다.

○ 빈칸에 단어를 넣어 말해 보세요. 🎧 11-2

I'm sorry for ☐.
☐에 대해 죄송합니다.

the mistake
더 미스테익
실수

the delay
더 딜레이
지연, 지체

calling so early[1]
콜링 쏘우 얼리
너무 일찍 전화한 것

being late[2]
비잉 레잇
늦은 것

1 calling so early call은 '전화하다', so는 '너무', early는 '일찍'이란 뜻입니다. 동사 call에 ing를 붙인 동명사 형태의 calling은 '전화한 것'이라는 뜻이 되지요. 반대로 '너무 늦게 전화한 것'은 calling so late[콜링 쏘우 레잇]이라고 합니다.

2 being late be late은 '늦다, 지각하다'란 뜻인데요, for 뒤에는 동사의 ing 형태가 오기 때문에 be에 ing를 붙여 being이라고 썼습니다.

패턴 22 연습하기 ~하는 것이 가능합니까?

○ 빈칸에 단어를 넣어 말해 보세요. 11-3

Is it possible to ▢ ?
▢ 하는 것이 가능합니까?

check out late
쳌 아웃 레잇
늦게 체크아웃하다

leave my luggage here[1]
리브 마이 러기쥐 히얼
여기에 짐을 맡기다

stay one more night
스테이 원 모얼 나잇
하루 더 묵다

leave a day earlier[2]
리브 어 데이 얼리얼
하루 일찍 떠나다

1 leave my luggage here 체크인 전이나 체크아웃 후에 호텔에서 짐을 맡아 줄 수 있는지 물어볼 때 쓸 수 있는 표현입니다. leave에는 '(사물을 사람에게) 맡기다'란 뜻이 있습니다.

2 leave a day earlier 동사 leave에는 '맡기다'란 뜻 외에 '(장소에서) 떠나다, 출발하다'라는 뜻도 있습니다. 한편 earlier은 early(일찍)의 비교급 형태로 '더 일찍'이란 뜻이에요.

대화하기 체크아웃할 때는 꼼꼼히!

○ 다음 대화를 듣고 따라 말해 보세요. 🎧 11-4

호텔에 머무는 마지막 날, 수지가 호텔을 나서기 전에 체크아웃을 하러 프런트에 들렸습니다.

수지 **I'd like to check out. Room 104.**
아이드 라익 투 **첵** 아웃 룸 원 오우 폴

직원 **Here is your bill.**
히얼 이즈 유얼 빌

수지 **What is this extra 20 dollars for?**   extra 별도의
왓 이즈 디쓰 엑스트러 트웨니 달러즈 폴

직원 **It's for laundry service.**
잇츠 폴 론드리 썰비쓰

수지 **But I didn't use it.**
벗 아이 디든트 유즈 잇

직원 **Oh, I'm sorry for the error.**
오우 아임 쏘리 폴 디 에럴

Here is your correct bill.
히얼 이즈 유얼 커렉트 빌

수지 **Thanks. Is it possible to pay by credit card?**
쌩쓰 이즈 잇 파써블 투 페이 바이 크레딧 칼드

직원 **Certainly.**
썰튼리

수지	체크아웃하고 싶어요. 104호입니다.
직원	여기 계산서입니다.
수지	이 20달러 추가된 건 뭐죠?
직원	세탁 서비스 비용입니다.
수지	하지만 이용하지 않았는데요.
직원	아, **실수해서 죄송합니다.** 여기 맞는 계산서가 있습니다.
수지	고마워요. **신용카드로 계산하는 게 가능한가요?**
직원	물론입니다.

확인하기 11 호텔 체크아웃

정답 218쪽

A 빈칸에 들어갈 알맞은 단어를 [보기]에서 골라 쓰세요.

> 보기   credit   error   possible   pay

① 어떻게 계산하시겠습니까?

How would you like to _____?

② 신용카드로 계산하는 게 가능한가요?

Is it _____ to pay by _____ card?

③ 실수해서 죄송합니다.

I'm sorry for the _____.

B 보기에서 알맞은 표현을 찾아 다음 문장을 완성하세요.

> 보기   leave my luggage here   the delay
>   calling so early   check out late

① 지연되어서 죄송합니다.

I'm sorry for _____.

② 너무 일찍 전화해서 죄송합니다.

I'm sorry for _____.

③ 늦게 체크아웃하는 게 가능한가요?

Is it possible to _____?

④ 여기에 짐 맡기는 게 가능한가요?

Is it possible to _____?

영어를 찾아라! 호텔 🎧 11-5

Vacancy 빈방 있음

vacancy[베이컨씨]는 '빈 자리'라는 뜻입니다. 규모가 작은 호텔에서는 호텔 앞에 표지판을 달아 빈방 여부를 표시하는데요, Vacancy는 빈방이 있다는 의미이고, No Vacancy는 빈방이 없다는 의미입니다. Vacancies라고 복수형으로 쓰기도 합니다.

Reception 호텔 프런트

호텔의 프런트를 영국이나 유럽에서는 reception[리쎕션]이라고 표기합니다. 이곳에서 체크인과 체크아웃을 할 수 있으며, 호텔에 대한 전반적인 안내도 받을 수 있지요. 호텔뿐 아니라 회사나 공공기관 접수처에서도 볼 수 있는 단어입니다.

Concierge 컨시어지

특급호텔에 가면 프런트 옆쪽에서 concierge[칸씨얼쥐] 서비스를 제공합니다. 손님이 필요한 모든 서비스를 총괄적으로 제공해 주는 곳이지요. 교통, 관광, 맛집 등 다양한 정보도 주고, 관광객들이 예약하기 어려운 공연 티켓을 예매해 주기도 합니다.

Complimentary water 무료 물

complimentary[캄플리멘트리]는 '무료의'란 뜻입니다. 호텔에서 제공되는 물건 중에 저 표시가 보이면 공짜이므로 부담 없이 즐기셔도 좋습니다. 많은 호텔에서 생수 한 병과 인스턴트 커피, 티백을 무료로 제공하지요.

Do not disturb 방해하지 마세요

disturb는 '방해하다'라는 의미의 동사입니다. 호텔 방 문손잡이에 '방해하지 마세요'란 뜻의 Do not disturb[두 낫 디스털브] 팻말을 걸어두면 호텔직원의 방 출입을 제한할 수 있습니다. 방 청소를 원치 않거나 조용히 쉬고 싶을 때 걸어두세요.

Please make up room
방을 정리해 주세요

make up[메이크 업]은 '화장하다'라는 뜻으로 많이 알고 계실 텐데요, make up room은 '방을 청소하다, 방을 정리하다'란 뜻입니다. 호텔 방 문손잡이에 Please make up room 팻말을 걸어두면 방 청소를 부탁한다는 의미입니다.

Minibar 미니바

호텔 객실의 소형냉장고를 의미합니다. mini[미니]는 '작은', bar[밥]은 '(술, 간단한 음식의) 판매대'란 뜻이지요. 미니바 안에는 각종 음료와 간식이 구비되어 있습니다. 먹고 나면 체크아웃 때 요금이 청구되는데, 고급 리조트는 고객 서비스 차원에서 무료로 제공하는 경우도 있습니다.

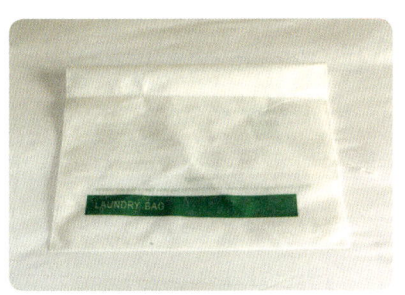

Laundry bag 세탁물 자루

호텔에서 제공하는 세탁 서비스를 이용하고 싶으면, 옷장 안에 있는 laundry bag[론드리 백]에 세탁물을 넣어 호텔 측에 맡기면 됩니다. 일반적인 세탁 요금보다 비싼 편이지만 건조까지 해서 갖다 주기 때문에 편리하지요.

> **생생 여행정보**
>
> ## 다양한 종류의 호텔 객실
>
>
>
> 가격대와 이용 목적에 따라 호텔 객실의 종류는 천차만별입니다. 호텔을 예약할 때 꼭 알아둬야 할 객실 종류에 대해 알아보겠습니다.

single room 싱글 룸
1인용 침대(single bed)가 하나 있는 1인용 객실입니다. 혼자 온 여행객들을 위한 방입니다.

double room 더블 룸
2인용 침대(double bed)가 하나 있는 2인용 객실로, 연인이나 부부가 주로 이용하는 객실입니다.

twin room 트윈 룸
1인용 침대(single bed)가 두 개 있는 2인용 객실입니다. 침대가 별도로 떨어져 있기 때문에 친구와 함께 사용하기 좋은 방입니다.

triple room 트리플 룸
triple[트리플]은 '3개로 이루어진'이란 뜻으로, triple room은 3인이 쓸 수 있는 방을 뜻합니다. 2인용 침대(double bed) 하나가 기본적으로 제공되고, 1인용 침대(single bed)나 접이식 침대 한 개가 추가로 제공되는 객실을 말합니다.

suite 스위트 룸
침실이 분리되어 있는 객실로, 호텔에서 일반 객실보다 비싸고 고급스러운 방 중 하나입니다. 욕실이 딸린 침실에 거실 겸 응접실이 붙어 있는 형태가 일반적입니다. 우리나라에서는 '스위트 룸'이라고 부르지만, 영어로는 room을 빼고 그냥 suite[스윗]이라고만 합니다. '달콤한'이란 뜻의 sweet[스윗]과 발음이 같으니 헷갈리지 마세요.

smoking room 흡연 방
non-smoking room 금연 방
호텔 객실 중에는 담배를 피울 수 있는 smoking room[스모우킹 룸]과 담배를 피울 수 없는 non-smoking room[난 스모우킹 룸]이 있습니다. 흡연 방의 경우, 담배 냄새가 배어 있어 비흡연자는 불쾌감을 느낄 수 있으므로 피하는 것이 좋습니다.

dormitory room 도미토리 룸
저렴한 호스텔이나 민박에서 많이 볼 수 있는 형태의 방입니다. dormitory[돌머토리]는 '기숙사'란 뜻인데, dormitory room은 기숙사처럼 한 방 안에 2층 침대가 여러 대 있는 형태의 객실입니다. 화장실과 주방 시설을 공동으로 이용하는 경우가 대부분입니다.

식당에서

12 식당 예약
13 음식 주문
14 식당 불만사항
15 패스트푸드점
16 커피숍

12 식당 예약

○ 다음 대화를 듣고 따라 말해 보세요. 🎧 12-1

대화 A

진수: **I'd like to book a table for** tonight.
아이드 라익 투 북 어 테이블 폴 투나잇

직원: **I'm sorry, but we are fully booked.**
아임 쏘리 벗 위 알 풀리 북트

대화 B

수지: **Could we have a table**
쿠드 위 해브 어 테이블

by the window?
바이 더 윈도우

직원: **Of course.**
어브 콜스

패턴 23 **I'd like to book a table for +** 시간 **.**
～에 자리를 예약하고 싶어요.

'I'd like to + 동사'는 앞에서 배운 것처럼 '～하기를 원하다'라는 의미입니다. book은 '책'이라는 뜻 외에도 동사로 '예약하다'라는 의미가 있습니다. 그래서 book a table은 '(식당) 테이블을 예약하다'라는 뜻이 되지요. 이 뒤에 'for + 시간/요일/날짜'를 넣으면 예약하고 싶은 구체적인 시간을 나타낼 수 있습니다.

패턴 23 오늘 밤에 자리를 예약하고 싶습니다.
패턴 24 창가 쪽 테이블에 앉을 수 있을까요?

○ 인기많은 식당에서 식사를 하고 싶다면 미리 예약해두는 것이 좋습니다.
식당을 예약할 때 쓰는 표현을 배워 봅시다.

대화 A

진수   오늘 밤에 자리를 예약하고 싶습니다.

직원   죄송하지만 예약이 꽉 찼습니다.

대화 B

수지   창가 쪽 테이블에 앉을 수 있을까요?

직원   물론이지요.

새로 나온 단어

book [북] 예약하다
table [테이블] 식탁, 테이블
tonight [투나잇] 오늘 밤
fully [풀리] 완전히
by [바이] ~옆에
window [윈도우] 창문

패턴 24 **Could we have a table +** 원하는 좌석 **?**
~한 테이블에 앉을 수 있을까요?

'Could we + 동사?'는 'Can we + 동사?'보다 정중한 표현으로, '우리가 ~할 수 있을까요?'하고 공손하게 물어보는 표현입니다. Could we have a table ~?은 직역하면 '우리가 ~한 테이블을 가질 수 있을까요?'라는 의미인데요, 뒤에 a table을 꾸며주는 표현(인원 수, 테이블 위치 등)을 넣으면 '~한 테이블에 앉을 수 있을까요?'라는 뜻이 됩니다.

패턴 23 연습하기

~에 자리를 예약하고 싶어요.

● 빈칸에 단어를 넣어 말해 보세요. 🎧 12-2

I'd like to book a table for _____.
_____에 자리를 예약하고 싶어요.

11 a.m.[1]	**7 p.m.**[1]	**6 o'clock**
일레븐 에이 앰 오전 11시	쎄븐 피 엠 저녁 7시	씩쓰 어클락 정각 6시

tomorrow night	**Sunday lunch**	**this Friday**[2]
터마로우 나잇 내일 저녁	썬데이 런취 일요일 점심식사	디쓰 프라이데이 이번 주 금요일

1 11 a.m. / 7 p.m. a.m.(오전)과 p.m.(오후)은 라틴어 ante meridiem과 post meridiem의 약자입니다. meridiem은 '정오', ante는 '~전', post는 '~후'라는 뜻이라 a.m.은 '정오 전(= 오전)', p.m.은 '정오 후(= 오후)'라는 의미가 됩니다.

2 this Friday 'this + 요일'은 '이번 주 ~요일'이란 뜻입니다. 참고로, '다음 주 ~요일'이라고 하려면 'next + 요일'로 말하면 됩니다. 따라서 '다음주 금요일'은 next Friday가 되지요.

패턴 24 연습하기

~한 테이블에 앉을 수 있을까요?

○ 빈칸에 단어를 넣어 말해 보세요. 12-3

Could we have a table ☐?
☐ 테이블에 앉을 수 있을까요?

for two
폴 투
2인용

on the terrace
온 더 테러쓰
테라스에 있는

in the non-smoking area[1]
인 더 난 스모우킹 에리어
금연석에 있는

in the corner
인 더 코널
구석에 있는

---

1 in the non-smoking area smoking(흡연) 앞에 '~가 아님'을 나타내는 non이 붙은 non-smoking은 '금연의'라는 뜻입니다. 그래서 non-smoking area는 '금연구역', 즉 식당에서는 '금연석'을 뜻하는 말이지요. 참고로 '흡연석'은 smoking area[스모우킹 에리어]라고 합니다.

대화하기 밥 먹을 때 예약은 필수!

다음 대화를 듣고 따라 말해 보세요.  12-4

맛집으로 유명한 레스토랑을 예약하려고 수지가 전화를 걸었습니다.

직원 **How can I help you?**
하우 캔 아이 헬프 유

수지 **I'd like to book a table for tonight.**
아이드 라익 투 북 어 테이블 폴 투나잇

직원 **For what time?**
폴 왓 타임

수지 **Seven o'clock.**
쎄븐 어클락

직원 **How many in your party?**   party 일행, 단체
하우 매니 인 유얼 팔티

수지 **Two. Could we have a table by the window?**
투 쿠드 위 해브 어 테이블 바이 더 윈도우

직원 **No problem. May I have your name?**
노우 프라블럼 메이 아이 해브 유얼 네임

수지 **My name is Susie Park.**
마이 네임 이즈 수지 박

직원	뭘 도와드릴까요?
수지	**오늘 밤에 자리를 예약하고 싶은데요.**
직원	몇 시에요?
수지	7시 정각에요.
직원	몇 분이시죠?
수지	두 명이요. **창가 쪽 테이블에 앉을 수 있을까요?**
직원	문제 없습니다. 성함이 어떻게 되시죠?
수지	제 이름은 박수지입니다.

확인하기 12 식당 예약

정답 218쪽

A 빈칸에 들어갈 알맞은 단어를 [보기]에서 골라 쓰세요.

| 보기 | could | book | fully | window |

① 오늘 밤에 자리를 예약하고 싶습니다.

I'd like to _____ a table for tonight.

② 죄송하지만 예약이 꽉 찼습니다.

I'm sorry, but we are _____ booked.

③ 창가 쪽 테이블에 앉을 수 있을까요?

_____ we have a table by the _____ ?

B 보기에서 알맞은 표현을 찾아 다음 문장을 완성하세요.

| 보기 | tomorrow night | in the corner | this Friday | for two |

① 이번 주 금요일에 예약하고 싶어요.

I'd like to book a table for _____ .

② 내일 저녁에 예약하고 싶어요.

I'd like to book a table for _____ .

③ 2인용 테이블에 앉을 수 있을까요?

Could we have a table _____ ?

④ 구석에 있는 테이블에 앉을 수 있을까요?

Could we have a table _____ ?

13 음식 주문

○ 다음 대화를 듣고 따라 말해 보세요. 🎧 13-1

대화 A

진수 **Does it come with a salad?**
더즈   잇   컴   위드   어 쌜러드

웨이터 **Yes, it does.**
예쓰 잇 더즈

대화 B

수지 **What do you recommend for**
왓 두 유 레커멘드 폴

a main dish?
어 메인 디쉬

웨이터 **The fish and chips are very good here.**
더 피쉬 앤 칩스 알 베리 굿 히얼

패턴 25 **Does it come with + 음식 ?**
그거 ~와 함께 나오나요?

with는 '~와 함께'라는 의미로, come with는 '~가 (함께) 딸려 있다'라는 뜻입니다. 한국 식당에서도 음식을 시킬 때 반찬이 함께 나오듯, 외국 음식도 종류에 따라서 샐러드(salad), 빵(bread), 감자튀김(fries) 등이 함께 제공되는데요, Does it come with 다음에 음식 이름을 넣으면 무엇이 함께 나오는지 물어볼 수 있습니다.

패턴 25 그거 샐러드와 함께 나오나요?
패턴 26 주요리로 뭘 추천하시겠어요?

식당에 가서 종업원에게 영어로 음식을 주문하려면 진땀이 나고는 하지요. 식당에 들어가서 주문할 때 쓰는 표현을 익혀 봅시다.

대화 A

진수: 그거 샐러드와 함께 나오나요?
웨이터: 네, 그렇습니다.

대화 B

수지: 주요리로 뭘 추천하시겠어요?
웨이터: 여기는 생선과 감자튀김이 아주 훌륭합니다.

새로 나온 단어

come with [컴 위드]
~가 딸려 있다

salad [쌜러드] 샐러드

recommend [레커멘드]
추천하다

main dish [메인 디쉬]
주요리

fish [피쉬] 생선, 물고기

chips [췹스] 감자튀김

fish and chips는 밀가루 반죽을 입혀 튀긴 흰살 생선에 감자튀김을 곁들인 영국의 전통요리입니다.

패턴 26 **What do you recommend for + 메뉴 종류 ?**
~로 뭘 추천하시나요?

recommend는 '추천하다'라는 뜻인데요, 식당에서 주문할 메뉴를 결정하기 힘들 때는 웨이터에게 What do you recommend?(뭘 추천하세요?)라고 물어볼 수 있습니다. 이때 주요리(main dish), 후식(dessert), 음료(drink) 등 특정한 메뉴에 대한 추천을 받고 싶다면 뒤에 'for + 메뉴 종류'를 덧붙여 물어보면 됩니다.

| 패턴 25 연습하기 | **그거 ~와 함께 나오나요?** |

● 빈칸에 단어를 넣어 말해 보세요. 🎧 13-2

Does it come with ⬜?
그거 ⬜와 함께 나오나요?

a drink 어 드링크 음료 	**rice** 라이쓰 쌀밥 	**soup** 쑵 수프 
bread 브레드 빵 	**pickles**[1] 피클즈 피클 	**vegetables** 베쥐터블즈 야채 

■ **다양한 사이드 메뉴** 서양에서는 요리에 감자를 곁들이는 경우가 많습니다. fries[프라이즈: 감자튀김], mashed potato[매쉬트 포테이토우: 으깬 감자], baked potato [베익트 포테이토우: 구운 통감자] 같은 다양한 감자 요리를 많이 먹지요.

1 pickles 피클은 식초나 소금물에 담가 만든 오이 절임 또는 채소 절임 요리를 말합니다. 우리나라에서는 피자와 함께 많이 먹는 반찬이지요.

패턴 26 연습하기 ~로 뭘 추천하시나요?

● 빈칸에 단어를 넣어 말해 보세요. 🎧 13-3

What do you recommend for ☐?

☐로 뭘 추천하시나요?

an appetizer[1]
언 애피타이절
전채 요리, 애피타이저

a side dish
어 싸이드 디쉬
곁들이는 요리

dessert
디절트
후식, 디저트

dressing
드레씽
드레싱

wine
와인
와인, 포도주

a fish dish[2]
어 피쉬 디쉬
생선 요리

1 an appetizer 애피타이저는 식사 전에 식욕을 돋우기 위해 먹는 샐러드 같은 간단한 요리를 말합니다. 영국에서는 '시작하는 요리'라는 뜻에서 starter[스탈털]이라고도 합니다.

2 a fish dish dish에는 '접시'라는 뜻 외에도 '요리'라는 뜻이 있습니다. 그래서 fish dish는 '생선 요리'라는 뜻이 되지요. 참고로 '고기 요리'는 meat dish[밋 디쉬], '해산물 요리'는 seafood dish[씨푸드 디쉬]라고 합니다.

대화하기 맛있는 음식 주문

● 다음 대화를 듣고 따라 말해 보세요. 🎧 13-4

식당에 간 수지가 영어로 가득한 메뉴판을 들여다보며 고민하고 있는데, 웨이터가 왔습니다.

웨이터 **Are you ready to order?**
알 유 레디 투 올덜

수지 **What do you recommend for a main dish?**
왓 두 유 레커멘드 폴 어 메인 디쉬

웨이터 **The T-bone steak here is very good.**　　　**bone** 뼈
더 티 보운 스테익 히얼 이즈 베리 굿

수지 **Does it come with a salad?**
더즈 잇 컴 위드 어 쌜러드

웨이터 **Yes. It also comes with fries.**　　　**fries** 감자튀김
예쓰 잇 올쏘우 컴즈 위드 프라이즈

수지 **Sounds good. One T-bone steak, please.**
싸운즈 굿 원 티 보운 스테익 플리즈

웨이터 **How would you like your steak?**
하우 우드 유 라익 유얼 스테익

수지 **Well-done, please.**　　　**well-done** 바짝 익힌
웰 던 플리즈

웨이터	주문하시겠습니까?
수지	주요리로 뭘 추천하시겠어요?
웨이터	여기는 티본 스테이크(T자형의 뼈가 붙은 스테이크)가 아주 훌륭합니다.
수지	샐러드도 함께 나오나요?
웨이터	네. 감자튀김도 함께 나옵니다.
수지	좋네요. 티본 스테이크 하나 주세요.
웨이터	스테이크는 얼마나 구워 드릴까요?
수지	바짝 익혀 주세요.

확인하기 13 음식 주문

정답 218쪽

A 빈칸에 들어갈 알맞은 단어를 [보기]에서 골라 쓰세요.

> 보기   fish   dish   come   recommend

① 그거 샐러드와 함께 나오나요?
   Does it _____ with a salad?

② 주요리로 뭘 추천하시겠어요?
   What do you _____ for a main _____ ?

③ 여기는 생선과 감자튀김이 아주 훌륭합니다.
   The _____ and chips are very good here.

B 보기에서 알맞은 표현을 찾아 다음 문장을 완성하세요.

> 보기   dressing   rice   bread   dessert

① 그거 빵과 함께 나오나요?
   Does it come with _____ ?

② 그거 쌀밥과 함께 나오나요?
   Does it come with _____ ?

③ 후식으로 뭘 추천하시나요?
   What do you recommend for _____ ?

④ 드레싱으로 뭘 추천하시나요?
   What do you recommend for _____ ?

14 식당 불만사항

◯ 다음 대화를 듣고 따라 말해 보세요. 🎧 14-1

대화 A

수지: **This is too** salty.
디쓰 이즈 투 쏠티

웨이터: I'm sorry. I will get you another one.
아임 쏘리 아이 윌 겟 유 언아덜 원

대화 B

진수: Excuse me, but **I didn't order** a salad.
익스큐즈 미 벗 아이 디든트 올덜 어 쌜러드

웨이터: I'm sorry. I'll bring you what you ordered.
아임 쏘리 아일 브링 유 왓 유 올덜드

패턴 27 **This is too +** 맛 / 상태 **.** 이거 너무 ~해요.

식당에서 음식의 맛이나 상태가 맘에 들지 않을 때, 음식을 가리키며 쓸 수 있는 표현입니다. too는 Me, too.(나도 그래.)에서 보듯 '또한, 역시'라는 뜻으로도 많이 쓰지만, 정도가 심할 때 '너무'란 의미로 쓰기도 합니다. very(아주)와는 달리 정도가 지나치다는 부정적인 어감이 있는 단어입니다.

120

패턴 27 **이거 너무 짜요.**

패턴 28 **전 샐러드를 주문하지 않았어요.**

○ 식당에서 식사를 하다 보면 음식이나 계산에 문제가 생길 때가 종종 있습니다. 그럴 때 당당하게 내 불만사항을 어떻게 영어로 표현하면 되는지 알아 봅시다.

대화 A

수지: 이거 너무 짜요.

웨이터: 죄송합니다. 다른 걸로 갖다 드릴게요.

대화 B

진수: 실례합니다만, 전 샐러드를 주문하지 않았어요.

웨이터: 죄송해요. 주문하신 음식을 갖다 드릴게요.

새로 나온 단어
- **salty** [쏠티] 짠
- **another** [언아덜] 또 다른
- **bring** [브링] 가지고 오다
- **order** [올덜] 주문하다

💡 salt[쏠트]는 '소금'이라는 뜻인데요, 끝에 y가 붙은 형용사형인 salty는 '소금이 든, 짠'이란 뜻이 됩니다.

패턴 28 **I didn't order +** 음식 . 전 ~를 주문하지 않았어요.

order은 '주문하다'라는 뜻인데, 앞에 과거의 부정형인 didn't를 붙이면 '주문하지 않았다'라는 뜻이 됩니다. 웨이터가 음식을 잘못 갖다 줬을 때나 계산서에 내가 주문하지 않은 음식이 찍혀 나왔을 때 쓸 수 있는 표현입니다. 음식이 잘못 나온 상황이라면, 나온 음식을 가리키며 간단하게 I didn't order this.(전 이걸 주문하지 않았어요.)라고만 말해도 좋습니다.

패턴 27 연습하기 | 이거 너무 ~해요.

● 빈칸에 단어를 넣어 말해 보세요. 🎧 14-2

This is too ☐.
이거 너무 ☐ 해요.

spicy[1] 스파이씨 매운 	**sour** 싸우얼 신, 시큼한 	**cold** 코울드 식은, 차가운 
tough 터프 (고기가) 질긴 	**pink**[2] 핑크 (고기가) 덜 익은 	**bitter** 비털 쓴 

1 spicy   spice[스파이쓰]는 '양념'이란 뜻의 명사인데요, 형용사형인 spicy는 '양념 맛이 강한'이라는 뜻이 됩니다. 그래서 양념을 많이 넣어 '매운'이라는 뜻까지도 나타내지요. 참고로 '뜨거운, 더운'이란 뜻의 hot[핫]에도 '매운'이라는 뜻이 있습니다.

2 pink   pink는 원래 '분홍색의'라는 뜻인데요, 고기가 덜 익었을 때 안쪽이 분홍빛을 띠기 때문에 '고기가 덜 익은'이란 의미로도 씁니다.

패턴 28 연습하기

전 ~를 주문하지 않았어요.

○ 빈칸에 단어를 넣어 말해 보세요. 🎧 14-3

I didn't order ☐.
전 ☐를 주문하지 않았어요.

spaghetti[1] 스퍼게티 스파게티 	**tomato soup** 터메이토우 쑵 토마토 수프 	**a steak** 어 스테익 스테이크 
roast beef 로우스트 비프 소고기 구이 	**ice cream** 아이쓰 크림 아이스크림 	**a stew**[2] 어 스투 스튜 

1 spaghetti 스파게티는 이탈리아의 면 요리인 pasta[파스타]의 한 종류로, 길고 가는 국수 가락으로 된 요리를 말합니다.

2 a stew 스튜는 고기와 채소를 넣은 후, 국물이 있는 상태에서 천천히 끓인 요리를 말합니다. 스프(soup)는 한국의 국에 가까운 멀건 요리이지만, 스튜는 좀 더 국물이 걸쭉하지요.

대화하기 컴플레인은 당당하게!

○ 다음 대화를 듣고 따라 말해 보세요. 🎧 14-4

주문 나온 스파게티가 짜도 너무 짭니다. 수지가 항의하려고 웨이터를 불렀습니다.

수지 **Excuse me, but this is too salty.**
익스큐즈 미 벗 디쓰 이즈 투 쏠티

웨이터 **I'm sorry. Shall I bring you another one?**
아임 쏘리 쉘 아이 브링 유 언아덜 원

수지 **Yes, please. I can't eat this.**
예쓰 플리즈 아이 캔트 잇 디쓰

잠시 후, 새로 나온 음식으로 식사를 마친 수지가 계산을 하려고 웨이터를 불렀습니다.

수지 **Check, please.**　　　　　　　　　　　　　　**check** 계산서
쳌 플리즈

웨이터 **Here you go. The total is 35 dollars.**
히얼 유 고우 더 토우틀 이즈 썰티 파이브 달러즈

수지 **Hmm, there is a problem with the bill.**
음 데얼 이즈 어 프라블럼 위드 더 빌

I didn't order a salad.
아이 디든트 올덜 어 쌜러드

웨이터 **I'm sorry. I'll be right back with the correct bill.**
아임 쏘리 아일 비 라잇 백 위드 더 커렉트 빌

수지	실례합니다만 **이게 너무 짜네요.**
웨이터	죄송합니다. 다른 걸로 갖다 드릴까요?
수지	그래 주세요. 이건 못 먹겠어요.
수지	계산서 좀 갖다 주세요.
웨이터	여기 있습니다. 전부 해서 35달러입니다.
수지	음, 계산서에 문제가 있네요. **전 샐러드를 주문하지 않았거든요.**
웨이터	죄송합니다. 맞는 계산서를 바로 가져 올게요.

확인하기 14 식당 불만사항

정답 219쪽

A 빈칸에 들어갈 알맞은 단어를 [보기]에서 골라 쓰세요.

> 보기 order   salty   bring   salad

① 이거 너무 짜요.
   This is too _____.

② 전 샐러드를 주문하지 않았어요.
   I didn't _____ a _____.

③ 주문한 음식을 갖다 드릴게요.
   I'll _____ you what you ordered.

B 보기에서 알맞은 표현을 찾아 다음 문장을 완성하세요.

> 보기 cold   tough   ice cream   spaghetti

① 전 스파게티를 주문하지 않았어요.
   I didn't order _____.

② 전 아이스크림을 주문하지 않았어요.
   I didn't order _____.

③ 이거 너무 고기가 질겨요.
   This is too _____.

④ 이거 너무 식었어요.
   This is too _____.

15 패스트푸드점

○ 다음 대화를 듣고 따라 말해 보세요. 🎧 15-1

대화 A

직원: **May I take your order?**
메이 아이 테익 유얼 올덜

진수: **I'd like a cheeseburger.**
아이드 라익 어 취즈벌걸

대화 B

직원: **Do you want ice in your drink?**
두 유 원트 아이쓰 인 유얼 드링크

수지: **No ice, please.**
노우 아이쓰 플리즈

패턴 29 **I'd like +** 음식 / 음료 **.** ~를 주세요.

'I'd like + 명사'는 패턴 16에서 배웠듯이 공손하게 '~를 원하다'를 표현하는 말입니다. 명사 부분에 음식이나 음료 이름을 넣으면 '음식/음료를 원합니다'란 뜻이 되어, 식당에서 '~를 주세요'라는 뜻을 전달할 수 있습니다. 간단하게 want[원트: 원하다]를 넣어서도 표현할 수 있는데, 치즈버거를 주문할 때 I want a cheeseburger.라고도 말할 수 있습니다.

패턴 29 치즈버거 주세요.

패턴 30 얼음은 빼 주세요.

○ 한 끼 간단하게 때울 때는 패스트푸드만큼 빠르고 편리한 것이 없습니다.
버거킹, 맥도날드 같은 패스트푸드점에서 음식을 주문할 때 쓰는 표현을 익혀 봅시다.

대화 A

직원 주문하시겠어요?

진수 치즈버거 주세요.

대화 B

직원 음료에 얼음을 넣어 드릴까요?

수지 얼음은 빼 주세요.

새로 나온 단어

take an order
[테익 언 올덜] 주문을 받다

cheeseburger [취즈벌걸]
치즈버거

want [원트] 원하다

ice [아이쓰] 얼음

drink [드링크] 음료

burger는 '햄버거'라는 뜻인데요,
cheeseburger는 cheese(치즈)를
넣은 햄버거를 말합니다.

패턴 30 **No +** 빼고 싶은 것 **, please.** ~를 빼 주세요.

음식이나 음료를 주문할 때 어떤 재료를 빼고 싶으면 No(~없이)와 정중하게 요청할 때 쓰는 please(부디, 제발)를 활용하면 됩니다. No 대신 Without[위다웃: ~없이]를 써서 Without ice, please.처럼 말해도 되지요. 또는, 동사 hold[호울드: ~를 빼다]를 써서 Hold the ice, please.라고 말해도 '얼음은 빼 주세요'라는 같은 뜻이 됩니다.

패턴 29 연습하기 ~를 주세요.

○ 빈칸에 단어를 넣어 말해 보세요. 🎧 15-2

I'd like ☐.
☐를 주세요.

a number 3[1] 어 넘벌 쓰리 3번 세트 	**a chicken burger** 어 취킨 벌걸 닭고기 버거	**a hot dog** 어 핫 도그 핫도그 
a Whopper[2] 어 와펄 (버거킹의) 와퍼 	**French fries** 프렌취 프라이즈 감자튀김 	**a biscuit** 어 비스킷 비스킷 (작은 빵) 

1 a number 3 음료와 감자튀김이 포함된 세트 메뉴에는 number(번호)가 붙어 있습니다. 세트 메뉴를 주문할 때는 간단하게 이 번호만 말하면 됩니다. 이때, 세트 메뉴 하나를 주문할 때에는 앞에 a나 one을 꼭 붙이세요.

2 a Whopper 미국의 패스트푸드점인 버거킹(Burger King)의 대표적인 햄버거 메뉴로, whopper는 '엄청나게 큰 것'이란 뜻입니다. 비슷하게, 맥도날드(McDonald's)에서는 Big Mac[빅 맥]을 팔지요.

패턴 30 연습하기

~를 빼 주세요.

○ 빈칸에 단어를 넣어 말해 보세요. 🎧 15-3

No ☐, please.
☐를 빼 주세요.

ketchup
케첩
케첩

mayo[1]
메이요우
마요네즈

syrup
씨럽
시럽

whipped cream
윕트 크림
생크림

onions
어니언즈
양파

cucumber
큐컴벌
오이

■ **빼고 싶은 소스와 재료** 그 밖에도 mustard[머스탈드: 겨자], pepper[페퍼: 후추], cinnamon[씨너먼: 계피], carrot[캐럿: 당근], parsley[파슬리: 파슬리] 같은 재료를 빼 달라고 할 수 있습니다. 또, 동남아 요리에서는 향이 강한 coriander[코리엔덜: 고수] 또는 cilantro[씰랜트로: 고수 잎]을 빼달라고 할 수도 있어요.

1 mayo mayonnaise[메이어네이즈: 마요네즈]를 짧게 줄인 구어체 단어입니다. [마요]가 아니므로 발음에 유의하세요.

대화하기 입맛대로 주문하는 햄버거

● 다음 대화를 듣고 따라 말해 보세요. 🎧 15-4

진수가 한 끼를 간단하게 때우려고 패스트푸드점에 갔습니다.

직원	**Next, please.**	**next** 다음의
	넥스트 플리즈	

진수 **I'd like a cheeseburger.**
아이드 라익 어 취즈벌걸

직원 **Anything to drink?**
에니씽 투 드링크

진수 **I'll have a medium Sprite. No ice, please.**
아일 해브 어 미디엄 스프라잇 노 아이쓰 플리즈

직원 **Do you want any side dishes?**
두 유 원트 에니 싸이드 디쉬즈

진수 **No, thank you.**
노우 쌩큐

직원 **For here or to go?**
폴 히얼 오얼 투 고우

진수 **For here, please.**
폴 히얼 플리즈

직원	다음 분이요.
진수	**치즈버거 주세요.**
직원	마실 거는요?
진수	중간 크기 사이다로 할게요. **얼음은 빼 주세요.**
직원	곁들이는 요리 원하세요?
진수	아뇨, 괜찮아요.
직원	여기서 드실 건가요, 가져가실 건가요?
진수	여기서 먹을게요.

130

확인하기 15 패스트푸드점

A 빈칸에 들어갈 알맞은 단어를 [보기]에서 골라 쓰세요.

> 보기   ice   take   like   order

① 주문하시겠어요?
   May I _____ your _____ ?

② 치즈버거 주세요.
   I'd _____ a cheeseburger.

③ 얼음은 빼 주세요.
   No _____ , please.

B 보기에서 알맞은 표현을 찾아 다음 문장을 완성하세요.

> 보기   a hot dog   onions   French fries   ketchup

① 핫도그 주세요.
   I'd like _____.

② 감자튀김 주세요.
   I'd like _____.

③ 양파는 빼 주세요.
   No _____ , please.

④ 케첩은 빼 주세요.
   No _____ , please.

16 커피숍

○ 다음 대화를 듣고 따라 말해 보세요. 🎧 16-1

대화 A

직원 **What can I get you?**
왓 캔 아이 겟 유

수지 **I'll have a latte.**
아일 해브 어 라테이

대화 B

진수 **Can you give me a sleeve?**
캔 유 기브 미 어 슬리브

직원 **Sure. Here you are.**
슈얼 히얼 유 알

패턴 31 **I'll have +** 음식 / 음료 **.** ~로 하겠습니다.

I'll은 I will(나는 ~할 것이다)의 줄임말로, 내가 뭔가를 하겠다는 의지를 나타냅니다. 동사 have는 '갖고 있다'란 뜻 말고도 '먹다, 마시다'란 뜻이 있는데, 식당이나 커피숍에서 주문할 때 I'll have ~.라고 하면 '~를 먹겠습니다, ~를 마시겠습니다'라는 뜻이 됩니다. 따라서 주문할 때 '~로 하겠습니다'라는 의미를 전달할 수 있지요.

패턴 31 **라떼로 할게요.**

패턴 32 **슬리브를 주실 수 있어요?**

○ 커피 전문점에서 커피를 주문하는 일은 복잡해 보이지만 생각보다 간단합니다. 커피를 주문할 때 쓸 수 있는 표현을 익혀 보고 다양한 커피 종류도 알아 봅시다.

대화 A

직원: 뭘 드릴까요?

수지: 라떼로 할게요.

대화 B

진수: 슬리브를 주실 수 있어요?

직원: 물론이죠. 여기 있습니다.

새로 나온 단어

latte [라테이]
라떼 (우유를 넣은 커피)

sleeve [슬리브] 슬리브
(컵 위에 씌우는 두꺼운 종이)

latte는 caffé latte(카페 라떼)의 줄임말로, 이탈리아어에서 온 표현입니다. caffé는 '커피', latte는 '우유'를 뜻하지요. 유럽에서는 latte라고 하면 우유만 줄 수도 있으니 메뉴판을 잘 살펴보고 주문하세요.

패턴 32 **Can you give me + 물건 ?** ~를 주실 수 있어요?

다른 사람에게 뭔가를 부탁할 때 쓰는 'Can you + 동사?'와, 동사 give(~를 주다)를 활용한 패턴입니다. 상대방에게 어떤 물건을 달라고 부탁할 때 쓸 수 있는 표현이지요. give는 'give + 사람 + 물건' 또는 'give + 물건 + to + 사람'의 형태로 쓸 수 있는데, 여기서는 사람인 me(나에게)가 give 뒤에 있으므로 바로 뒤에 물건이 나와야 합니다.

패턴 31 연습하기

~로 하겠습니다.

○ 빈칸에 단어를 넣어 말해 보세요. 🎧 16-2

I'll have ☐.
☐ 로 하겠습니다.

an espresso 언 에스프레쏘우 에스프레소 	**an Americano** 언 어메리카노우 아메리카노 	**a cappuccino** 어 캐퍼취노우 카푸치노 
a cafe mocha 어 캐페이 모우커 카페모카 	**an iced tea** 언 아이쓰트 티 아이스 티, 냉차 	**a hot chocolate** 어 핫 초컬럿 핫초코, 코코아

■ **각양각색 커피** 에스프레소는 곱게 간 커피 가루에 뜨거운 스팀을 순간적으로 가해 추출한 커피를 말합니다. 아메리카노는 에스프레소에 따뜻한 물을 더한 커피인데, 이탈리아에서 미국인(American)들이 마셨다고 해서 이런 이름을 얻게 되었습니다. 카푸치노는 에스프레소에 우유를 조금 넣고 우유 거품을 채운 커피로, 위에 코코아 가루나 계피 가루를 뿌려 마십니다. 한편, 카페모카는 에스프레소와 우유, 초콜릿 시럽이나 가루를 섞어 만든 커피지요.

패턴 32 연습하기

~를 주실 수 있어요?

○ 빈칸에 단어를 넣어 말해 보세요. 🎧 16-3

Can you give me ⬜?
⬜를 주실 수 있어요?

a straw
어 스트로
빨대

a fork[1]
어 포크
포크

a lid
어 리드
뚜껑

a receipt
어 리씻
영수증

some napkins
썸 냅킨즈
냅킨 좀

some sugar[2]
썸 슈걸
설탕 좀

1 a fork 그 밖에도 식당이나 카페에서 요청할 수 있는 식기로는 spoon[스푼: 숟가락], knife[나이프: 칼], chopsticks[촙스틱스: 젓가락] 등이 있습니다.

2 some sugar some은 명사 앞에 오는데 '조금, 약간의'라는 뜻을 갖고 있습니다. sugar 대신 salt[쏠트: 소금], pepper[페퍼: 후추] 같은 조미료 종류를 넣어 말해 보세요.

대화하기 커피 한 잔의 여유

🎧 다음 대화를 듣고 따라 말해 보세요. 16-4

밥을 먹고 나니 이번에는 커피가 당기네요. 수지가 커피를 마시러 커피 전문점에 갔습니다.

수지 **I'll have a latte.**
아일 해브 어 라테이

직원 What size?
왓 싸이즈

수지 Large, please.　　　　　　　　　　　　large 큰
랄쥐 플리즈

직원 Hot or iced?　　　　　　　　　　　　　iced 얼음을 넣은
핫 오얼 아이쓰트

수지 Hot, please.
핫 플리즈

직원 For here or to go?
폴 히얼 오얼 투 고우

수지 To go, please.
투 고우 플리즈

직원 Okay. Here is your coffee.
오우케이 히얼 이즈 유얼 커피

수지 **Can you give me a sleeve?** It's too hot.
캔 유 기브 미 어 슬리브 잇츠 투 핫

수지	**라떼로 할게요.**
직원	어떤 사이즈로요?
수지	큰 걸로 주세요.
직원	뜨거운 거요, 아니면 차가운 거요?
수지	뜨거운 걸로요.
직원	여기서 드시겠어요, 아니면 가져가시겠어요?
수지	가져갈게요.
직원	알았습니다. 여기 커피 나왔습니다.
수지	**슬리브를 주실 수 있어요?** 너무 뜨거워요.

확인하기 16 커피숍

정답 220쪽

A 빈칸에 들어갈 알맞은 단어를 [보기]에서 골라 쓰세요.

> 보기 sleeve | have | get | give

① 뭘 드릴까요?
What can I _____ you?

② 라떼로 할게요.
I'll _____ a latte.

③ 슬리브를 주실 수 있어요?
Can you _____ me a _____?

B 보기에서 알맞은 표현을 찾아 다음 문장을 완성하세요.

> 보기 a straw | some sugar | a cappuccino | an espresso

① 에스프레소로 할게요.
I'll have _____.

② 카푸치노로 할게요.
I'll have _____.

③ 빨대를 주실 수 있어요?
Can you give me _____?

④ 설탕 좀 주실 수 있어요?
Can you give me _____?

영어를 찾아라! 식당 🎧 16-5

reserved 예약된

reserve[리절브]는 '예약하다'라는 의미이므로, 과거분사인 reserved[리절브드]는 '예약된'이라는 의미가 됩니다. 식당의 예약된 테이블 위에는 이렇게 쓴 팻말을 올려 둡니다.

Please wait to be seated
자리 안내를 기다려 주세요

wait은 '기다리다', 'be seated'는 '자리에 앉게 되다'라는 의미입니다. 따라서 Please wait to be seated[플리즈 웨잇 투 비 시티드]는 자리 안내를 해 줄 때까지 잠시 기다려 달라는 뜻이지요. 식당 입구에서 흔히 볼 수 있는 표지판입니다.

Order here 여기서 주문하세요

order은 '주문하다'란 뜻이고 here은 '여기'라는 뜻이므로 Order here[올덜 히얼]은 '여기서 주문하세요'라는 의미입니다. 카페나 패스트푸드점에서 주문하는 곳을 나타낼 때 볼 수 있는 표현입니다.

Today's special 오늘의 특별 요리

today's[투데이즈]는 '오늘의'라는 뜻이고, special[스페셜]은 '특별한 것'이란 의미로 Today's special은 '오늘의 특별 요리'를 나타냅니다. 한편 Chef's suggestions[쉐프스 서제션즈]는 '주방장의 제안'이라는 뜻으로 식당에서 추천하는 요리를 말합니다.

drive-through[thru] 드라이브 스루

drive는 '운전하다', through는 '~를 통해'라는 의미로, 차에 탄 채로 음식을 주문하고 포장해서 받아 가는 서비스를 drive-through[드라이브 쓰루]라고 합니다. 대개 through를 thru라고 줄여 표기해요. 스타벅스 같은 대형 커피숍이나 패스트푸드점에서 주로 이용 가능합니다.

pub 펍

public house(대중의 집)의 줄임말로, 술을 비롯한 여러 음료부터 음식까지 파는 대중적인 술집을 의미합니다. 우리나라의 호프집과 비슷한 곳으로, 영국에서 흔히 볼 수 있는 술집 형태입니다.

BYO 비와이오

BYO는 술 판매에 엄격한 호주에서 종종 볼 수 있는 형태의 식당으로, 술 판매 면허가 없어서 손님이 직접 술을 가져와도 되는 식당을 의미합니다. BYO는 Bring your own[브링 유얼 아운]의 줄임말인데, bring은 '가져오다', your own은 '너 자신의'라는 의미지요.

tip box 팁 넣는 상자

미국과 캐나다에서는 계산서에 적힌 금액과는 별도로 식당 종업원에게 15~20%를 tip(봉사료)으로 주는 것이 관례입니다. 패스트푸드점이나 커피숍에서는 별도로 팁을 줄 필요는 없지만, 카운터에 팁을 넣는 box(상자)를 마련해 두기도 합니다.

생생 여행정보
영어 메뉴판 들여다보기

음식을 주문할 때 메뉴판을 보면
생소한 단어가 많아서
주문에 어려움을 겪는 경우가 많습니다.
다음 단어를 익혀뒀다가
자신 있게 주문해 보세요.

메뉴

appetizer 에피타이절   전채 요리
(식사하기 전에 식욕을 돋우기 위해서 마시는 술이나 가벼운 요리)

entrée 안트레이   앙트레
(식당이나 만찬에서 주요리, 또는 주요리 앞에 나오는 요리)

main dish 메인 디쉬   주요리
side dish 싸이드 디쉬   곁들이는 요리
dessert 디절트   디저트, 후식
seafood 씨푸드   해산물 요리
meat 밋   육류
soup 쑵   수프
salad 쌜러드   샐러드
sandwich 쌘드위취   샌드위치
burger 벌걸   햄버거

pizza 핏써   피자
pasta 파스타   파스타
noodle 누들   국수
drink / beverage 드링크 / 베버리쥐   음료
vegetarian menu 베줘테리언 메뉴   채식주의자 메뉴

육류

beef 비프   소고기
pork 폴크   돼지고지
poultry 포울트리   가금류
(닭고기, 오리고기, 칠면조 고기 등)
chicken 취킨   닭고기
duck 덕   오리고기
turkey 털키   칠면조고기
mutton 머튼   양고기
lamb 램   새끼 양고기
steak 스테익   스테이크

어패류

salmon 쌔먼   연어
cod 카드   대구
catfish 캣피쉬   메기
sea bass 씨 배쓰   농어
oyster 오이스털   굴
clam 클램   조개
mussel 머쓸   홍합
lobster 랍스털   바닷가재

shrimp / prawn 쉬림프 / 프론 새우
crab 크랩 게

야채
mushroom 머쉬룸 버섯
carrot 캐럿 당근
potato 포테이토우 감자
sweet potato 스윗 포테이토우 고구마
onion 어니언 양파
cabbage 캐비쥐 양배추
spinach 스피니취 시금치
broccoli 브라컬리 브로콜리
pumpkin 펌프킨 호박

음료
hot drink 핫 드링크 뜨거운 음료
cold drink 코울드 드링크 차가운 음료
alcoholic 앨커홀릭 알코올이 든
non-alcoholic 난 앨커홀릭
무알코올의
red wine 레드 와인
레드 와인 (적포도주)
white wine 와잇 와인
화이트 와인 (백포도주)
bottled beer 바틀드 비얼 병맥주
draft[draught] beer
드래프트[드로웃] 비얼 생맥주
cocktail 칵테일 칵테일
(여러 음료를 섞어 만든 술이나 음료)
soft drink 소프트 드링크 청량음료

Coke 코크 콜라
Sprite 스프라잇 사이다
Fanta 팬타 환타
juice 주스 주스

후식
ice cream 아이쓰 크림 아이스크림
apple pie 애플 파이 사과파이
cheesecake 취즈 케익 치즈 케이크
chocolate cake 초컬럿 케이크
초콜릿 케이크
pudding 푸딩 푸딩
(우유, 달걀, 설탕 등을 섞어 만든 달콤한 후식)
tart 탈트 타르트
(위쪽에 과일이나 달콤한 것을 올린 파이)

기타
toast 토우스트 토스트
pancake 팬케익 팬케이크
bread 브레드 빵
ham 햄 햄
bacon 베이컨 베이컨
egg 에그 달걀
omelet 아믈럿 오믈렛
(야채를 함께 넣고 만든 달걀 요리)
curry 커리 카레
cheese 취즈 치즈

생생 여행정보
스테이크 익힘 정도

외국에서 스테이크를 주문하면 종업원이 익힘 정도를 꼭 물어봅니다. 스테이크 굽기와 관련된 단어를 잘 알아뒀다가 주문할 때 활용해 보세요.

blue rare 블루 레어
가장 덜 익힌 단계로, 고온에서 겉만 아주 살짝 익힌 상태를 말합니다. 안쪽은 거의 생고기 느낌에 가깝지요. 일반적인 식당에서는 많이 취급하지 않습니다.

rare 레어
겉 부분만 익힌 단계로, 스테이크 안쪽의 75%가 붉은 색을 띠는 상태입니다. 육즙이 풍부한 편이며 부드러운 고기 맛을 느낄 수 있어요.

medium rare 미디엄 레어
바깥쪽은 회갈색으로 잘 익힌 상태이고, 스테이크 안쪽의 50%가 붉은 색을 띠는 상태입니다. 겉면은 어느 정도 구워져서 탄력이 있으며, 안쪽에는 육즙이 그대로 남아 있어 풍미를 느낄 수 있습니다.

medium 미디엄
겉은 완전히 익혔지만 안쪽의 25%가 분홍빛을 띠는 상태입니다. 육즙은 적은 편이지만 쫄깃함을 느낄 수 있습니다.

medium well 미디엄 웰
medium well-done[미디엄 웰 던]이라고도 합니다. 미디엄보다 좀 더 익힌 상태로, 안쪽이 분홍색과 회색의 중간 색을 띱니다.

well-done 웰 던
안쪽까지 완전히 바짝 익힌 단계로 육즙은 거의 없는 상태입니다. 다소 고기가 뻣뻣하고 질길 수도 있지만, 덜 익힌 고기나 핏물에 대한 거부감이 있는 분들이 드시면 좋습니다.

쇼핑할 때

17 옷 쇼핑
18 가격 흥정
19 교환과 환불

17 옷 쇼핑

○ 다음 대화를 듣고 따라 말해 보세요. 🎧 17-1

대화 A

점원: **Can I help you?**
캔 아이 헬프 유

진수: **I'm looking for** a jacket.
아임 룩킹 폴 어 좨킷

대화 B

진수: **Do you have this in** a bigger size?
두 유 해브 디쓰 인 어 비걸 싸이즈

점원: Here is a Large.
히얼 이즈 어 랄쥐

패턴 33 **I'm looking for + 물건 .**
　　　　 ~를 찾고 있어요.

look for은 '~를 찾다'란 뜻인데요, I'm looking for ~.이라고 하면 어떤 물건을 찾는 중이라는 뜻을 전달할 수 있습니다. 가게에 들어가서 점원이 May[Can] I help you?(도와드릴까요?) 또는 Do you need anything?(뭐 필요한 거 있으세요?)하고 물으면, 이 패턴을 써서 내가 어떤 물건을 찾고 있는지 설명하세요.

패턴 33 재킷을 찾고 있어요.

패턴 34 이거 더 큰 사이즈 있나요?

○ 쇼핑은 여행의 큰 즐거움 중 하나입니다. 한국보다 저렴하게 물건을 구입할 수도 있지요. 대표적으로 옷을 쇼핑할 때 많이 쓰는 표현을 익혀 봅시다.

대화 A

점원 도와드릴까요?

진수 재킷을 찾고 있어요.

대화 B

진수 이거 더 큰 사이즈 있나요?

점원 여기 라지 사이즈가 있습니다.

새로 나온 단어

look for [룩 폴] ~를 찾다
jacket [좌킷] 재킷
bigger [비걸] 더 큰
size [싸이즈] 사이즈, 치수
large [랄쥐] 큰

big은 '큰'이란 뜻의 형용사예요. 비교급을 만들 때 쓰는 er을 붙인 bigger는 '더 큰'이란 뜻이 됩니다.

패턴 34 **Do you have this in +** 사이즈 / 색상 **?**

이거 ~한 거 있나요?

Do you have this?는 직역하면 '이거 갖고 있습니까?'라는 뜻인데요, 뒤에 'in + 사이즈/색상'을 넣으면 '이거 ~사이즈/~색 있나요?'하고 제품의 사이즈나 색깔을 구체적으로 지정해 물어보는 문장이 됩니다. Do you have this in blue in a Large?(이거 라지 사이즈로 파란색 있나요?)처럼 사이즈와 색상을 둘 다 넣어 물어볼 수도 있습니다.

| 패턴 33 연습하기 | ~를 찾고 있어요. |

○ 빈칸에 단어를 넣어 말해 보세요. 17-2

I'm looking for ☐.
☐를 찾고 있어요.

a shirt 어 셔트 셔츠 	**a blouse** 어 블라우쓰 블라우스 	**a vest** 어 베스트 조끼 
a coat 어 코우트 코트 	**jeans**[1] 쥔즈 청바지 	**shorts**[1] 숄츠 반바지 

■ **다양한 옷 종류** 위에 나온 단어 외에도 underwear[언덜웨얼: 속옷], sweater[스웨털: 스웨터], dress[드레스: 드레스, 원피스], skirt[스컬트: 치마]도 함께 알아두세요.

1 jeans / shorts 바지 종류는 오른쪽 다리와 왼쪽 다리, 양쪽이 있으므로 여러 개로 보고 단어 끝에 복수형을 만드는 s나 es를 붙여 씁니다. 다리 들어가는 부분이 두 개인 underpants[언덜팬츠: 팬티], stockings[스타킹즈: 스타킹]도 마찬가지입니다.

패턴 34 연습하기 이거 ~한 거 있어요?

○ 빈칸에 단어를 넣어 말해 보세요. 🎧 17-3

Do you have this in ⬜?
이거 ⬜ 한 거 있어요?

a Medium[1]
어 미디엄
중간 사이즈

a size 8[2]
어 싸이즈 에잇
8 사이즈

a smaller size
어 스몰럴 싸이즈
더 작은 사이즈

red
레드
빨간색

black
블랙
검은색

beige
베이쥐
베이지색

1 a Medium 흔히 옷 사이즈를 S(소), M(중), L(대)로 구분하는데요, S는 small[스몰: 작은], M은 medium[미디엄: 중간의], L은 large[랄쥐: 큰]의 앞글자를 딴 말입니다. 또, '특대 사이즈'인 XL은 extra large[엑스트라 랄쥐], S보다 작은 XS는 extra small[엑스트라 스몰]에서 온 말이지요.

2 a size 8 우리나라에서 '66사이즈, 55사이즈'하고 말하듯 미국에서는 size 8, size 6 같은 단위를 씁니다. size 8은 우리나라의 66사이즈와 비슷합니다.

대화하기 : 나한테 꼭 맞는 옷 쇼핑하기

○ 다음 대화를 듣고 따라 말해 보세요. 🎧 17-4

얇은 옷만 가져왔는데 생각보다 바람이 매섭네요. 수지가 외투를 사러 옷 가게에 갔습니다.

점원	May I help you?	
수지	**I'm looking for a jacket.**	
점원	How about this one?	
수지	I like it. Can I try it on?	**try on** 입어 보다
점원	Sure.	
수지	Well, it's too tight. **Do you have this in a bigger size?**	**tight** 꽉 끼는
점원	Let me see.... Here you are.	
수지	Oh, it's perfect. I'll take it.	**perfect** 완벽한

점원	도와드릴까요?
수지	**재킷을 찾고 있어요.**
점원	이건 어떠세요?
수지	맘에 들어요. 입어봐도 되나요?
점원	물론입니다.
수지	음, 너무 꽉 끼네요. **이거 좀 더 큰 사이즈 있어요?**
점원	어디 한 번 볼게요… 여기요.
수지	아, 완벽해요. 이걸로 할게요.

확인하기 17 옷 쇼핑

정답 220쪽

A 빈칸에 들어갈 알맞은 단어를 [보기]에서 골라 쓰세요.

> 보기   bigger | Large | looking | jacket

① 재킷을 찾고 있어요.

I'm _____ for a _____.

② 이거 더 큰 사이즈 있나요?

Do you have this in a _____ size?

③ 여기 라지 사이즈가 있습니다.

Here is a _____.

B 보기에서 알맞은 표현을 찾아 다음 문장을 완성하세요.

> 보기   jeans | a Medium | a vest | black

① 조끼를 찾고 있어요.

I'm looking for _____.

② 청바지를 찾고 있어요.

I'm looking for _____.

③ 이거 검은색 있어요?

Do you have this in _____?

④ 이거 중간 사이즈 있어요?

Do you have this in _____?

18 가격 흥정

○ 다음 대화를 듣고 따라 말해 보세요. 🎧 18-1

대화 A

수지: **How much is** this watch?
하우 머취 이즈 디쓰 와취

점원: It's 20 dollars.
잇츠 트웨니 달러즈

대화 B

진수: **Are these** watches **on sale**?
알 디즈 와취즈 온 쎄일

점원: Yes, all items are 10 percent off.
예쓰 올 아이템즈 알 텐 펄쎈트 오프

패턴 35 **How much is[are] +** 물건 **?** ~는 얼마인가요?

How much는 '(값이) 얼마'라는 뜻으로 가격을 물을 때 쓸 수 있는 표현입니다. 물건이 하나(단수)일 때는 How much is ~?로 물으면 되고, 물건이 여러 개(복수)일 때는 How much are ~?로 물어볼 수 있습니다. 물건이 하나라도 jeans(청바지), sunglasses(선글라스)처럼 복수로 취급하는 물건은 How much are ~?로 물어보므로 주의하세요. 여기에 대한 대답은 물건이 하나일 때는 It is ~. 물건이 여러 개일 때는 They are ~.로 합니다.

150

패턴 35 이 손목시계는 얼마인가요?

패턴 36 이 손목시계들 세일하나요?

○ 물건을 살 때 가장 많이 고려하게 되는 요소가 바로 가격일 텐데요.
가게에서 물건의 가격을 물어보고 세일 중인지 확인하는 표현을 익혀 봅시다.

대화 A

수지　이 손목시계는 얼마인가요?
점원　20달러입니다.

대화 B

진수　이 손목시계들 세일하나요?
점원　네, 모든 품목을 10퍼센트 할인합니다.

새로 나온 단어

how much [하우 머취] (값이)얼마
watch [와취] 손목시계
on sale [온 쎄일] 세일 중인
item [아이템] 품목, 상품
percent [펄쎈트] 퍼센트
off [오프] 할인하여

패턴 36 **Are these +** 물건 **+ on sale?** 이 ~들 세일하나요?

on sale은 '세일 중인'이란 뜻으로, 제품의 할인 여부를 물을 때 쓸 수 있는 패턴이에요. 하나의 물건이 세일하는지 물을 때는 Is this hat on sale?(이 모자 세일하나요?)처럼 Is this ~?로 묻지만, 여러 개의 물건이 세일하는지 물을 때는 Are these hats on sale?(이 모자들 세일하나요?)처럼 Are these ~?로 물어봅니다. 이때 these 뒤에는 hats(모자들)처럼 명사의 복수형이 오므로 잘 알아두세요.

| 패턴 35 연습하기 | **~는 얼마인가요?** |

● 빈칸에 단어를 넣어 말해 보세요. 🎧 18-2

How much is[are] ☐ ?
☐ 는 얼마인가요?

this tie 디쓰 타이 이 넥타이 	**this lipstick** 디쓰 립스틱 이 립스틱 	**this perfume** 디쓰 펄퓸 이 향수 
these shoes[1] 디즈 슈즈 이 신발 	**these gloves**[1] 디즈 글러브즈 이 장갑 	**these sunglasses**[1] 디즈 썬글래씨즈 이 선글라스

■ **this / these**   this와 these는 둘 다 가까운 물건을 가리킬 때 쓰는 말로, '이 ~'를 뜻합니다. 한 개일 때는 this, 여러 개일 때는 these를 쓰지요.

1 shoes / gloves / sunglasses   양쪽이 모여 한 쌍을 이루는 물건은 단어 뒤에 s나 es를 붙여 씁니다. 신발은 오른발, 왼발이 짝을 이루고, 장갑 역시 오른손, 왼손이 짝을 이루므로 s를 붙여 쓰지요. 선글라스는 안경알이 두 개이므로 여러개로 취급해, 끝에 es를 붙입니다.

패턴 36 연습하기 이 ~들 세일하나요?

○ 빈칸에 단어를 넣어 말해 보세요. 🎧 18-3

Are these ☐ on sale?
이 ☐ 들 세일하나요?

T-shirts 티 셜츠 티셔츠들 	**suits** 쑤츠 양복들 	**earrings**[1] 이얼링즈 귀걸이들 
caps 캡쓰 (앞에 챙 달린) 모자들 	**belts** 벨츠 벨트들 	**socks** 싹쓰 양말들 

■ **다양한 액세서리** 액세서리는 영어로 accessory[액쎄써리]라고 합니다. ring[링: 반지], bracelet[브레이슬릿: 팔찌], necklace[넥클리스: 목걸이], hairpin[헤얼핀: 머리핀], hairband[헤얼밴드: 머리끈] 같은 단어도 함께 알아두세요.

1 earrings ear은 '귀', ring은 '반지, 고리'를 뜻합니다. 따라서 earrings는 귀에 다는 고리, 즉 '귀걸이'를 말해요. 양쪽 귀에 달기 때문에 복수 형태로 씁니다.

대화하기 쇼핑할 때 흥정은 기본!

○ 다음 대화를 듣고 따라 말해 보세요. 🎧 18-4

진수가 쇼핑몰에서 물건을 구경하다 맘에 드는 시계를 발견했습니다.

진수 **Excuse me. Are these watches on sale?**
익스큐즈 미 알 디즈 왓취즈 온 쎄일

점원 **No, we just started selling them.**
노우 위 줘스트 스탈티드 쎌링 뎀

start 시작하다

진수 **Then, how much is this watch?**
덴 하우 머취 이즈 디쓰 왓취

점원 **It's 200 dollars.**
잇츠 투 헌드러드 달럴즈

hundred 백, 100

진수 **Oh, that's too expensive.**
오우 댓츠 투 익스펜씨브

expensive 비싼

Can you come down a little bit?
캔 유 컴 다운 어 리틀 빗

come down (가격을) 내리다

점원 **Okay. I will give you a 5-percent discount.**
오우케이 아이 윌 기브 유 어 파이브 펄쎈트 디스카운트

진수 **Sounds good. I'll take it.**
싸운즈 굿 아일 테익 잇

진수	실례합니다. **이 손목시계들 세일하나요?**
점원	아뇨. 이제 막 판매 시작한 물건이에요.
진수	그러면 **이 손목시계는 얼마인가요?**
점원	200달러입니다.
진수	아, 너무 비싸네요. 조금 할인해 주실 수 있어요?
점원	알았어요. 5퍼센트 할인해 드릴게요.
진수	좋아요. 그거 살게요.

확인하기 18 가격 흥정

정답 220쪽

A 빈칸에 들어갈 알맞은 단어를 [보기]에서 골라 쓰세요.

> 보기   dollars | sale | much | watch

① 이 손목시계는 얼마인가요?
How _____ is this _____ ?

② 20달러입니다.
It's 20 _____ .

③ 이 손목시계들 세일하나요?
Are these watches on _____ ?

B 보기에서 알맞은 표현을 찾아 다음 문장을 완성하세요.

> 보기   these shoes | socks | this tie | earrings

① 이 넥타이는 얼마인가요?
How much is _____ ?

② 이 신발은 얼마인가요?
How much are _____ ?

③ 이 양말들은 세일하나요?
Are these _____ on sale?

④ 이 귀걸이들은 세일하나요?
Are these _____ on sale?

19 교환과 환불

○ 다음 대화를 듣고 따라 말해 보세요. 🎧 19-1

대화 A

진수   **Can I exchange this for** a bigger size?
       캔   아이 익쓰췌인쥐   디쓰 폴   어 비걸   싸이즈

점원   Let me check for you.
       렛 미   쳌   폴 유

대화 B

수지   **I'd like to get a refund on** this skirt.
       아이드 라익 투 겟 어 리펀드   온   디쓰   스컬트

점원   Sorry, but you can only exchange it.
       쏘리   벗 유 캔   오운리 익쓰췌인쥐   잇

패턴 37   **Can I exchange this for +** 원하는 것 **?**
           이거 ~로 교환되나요?

'Can I+동사?'는 '~할 수 있나요?'란 뜻으로 어떤 가능성을 물어볼 때 쓰는 말인데요, exchange는 '교환하다'라는 뜻의 동사이므로 Can I exchange this?하고 물으면 '제가 이것을 교환할 수 있나요?'라는 뜻이 됩니다. 이때 뒤에 전치사 for와 함께 원하는 색깔이나 사이즈를 넣어 해당되는 제품으로 교환되는지 구체적으로 물어볼 수 있습니다.

패턴 37 이거 더 큰 사이즈로 교환되나요?

패턴 38 이 치마 환불받고 싶어요.

○ 물건 구입 후, 물건에 문제가 있으면 당황하지 말고 교환이나 환불을 받으세요. 가게에서 교환하고 환불할 때 쓰는 표현을 익혀 봅시다.

대화 A

진수: 이거 더 큰 사이즈로 교환되나요?
점원: 확인해 볼게요.

대화 B

수지: 이 치마 환불받고 싶어요.
점원: 죄송하지만 교환만 하실 수 있습니다.

새로 나온 단어

exchange [익쓰췌인쥐] 교환하다
check [췍] 확인하다
refund [리펀드] 환불, 환불하다
skirt [스컬트] 치마
only [오운리] 오직, 단지

 get은 '~를 받다, 얻다'란 뜻이므로 get a refund는 '환불을 받다'란 뜻이 됩니다.

패턴 38 **I'd like to get a refund on +** 물건 **.**

~를 환불받고 싶어요.

get a refund는 '환불받다'라는 뜻인데, 뒤에 'on + 물건'을 넣으면 그 물건에 대해 환불해 달라는 뜻을 전달할 수 있습니다. 여기서는 'I'd like to + 동사.'(~하고 싶어요.) 패턴을 활용했지만, 앞에서 배운 'Can I + 동사?' 패턴을 활용해서 'Can I get a refund on + 물건? (~를 환불받을 수 있을까요?)'으로 물어볼 수도 있습니다.

| 패턴 37 연습하기 | **이거 ~로 교환되나요?** |

● 빈칸에 단어를 넣어 말해 보세요. 🎧 19-2

Can I exchange this for ⬜?
이거 ⬜로 교환되나요?

a different size
어 디퍼런트 싸이즈
다른 사이즈

a different color
어 디퍼런트 컬러
다른 색

a blue one[1]
어 블루 원
파란 것

a white one
어 와잇 원
하얀 것

---

1 a blue one 여기서 one은 '하나'라는 뜻이 아니라, 대명사로 '것(thing)'을 뜻하는 말입니다. 그래서 a blue one은 '파란 것'이라는 뜻이 되지요. blue(파란색의) 대신 red[레드: 빨간색의], orange[오린쥐: 주황색의], purple[퍼플: 보라색의], pink[핑크: 분홍색의], indigo[인디고우: 남색의], yellow[옐로우: 노란색의], beige[베이쥐: 베이지색의] 등 다양한 색깔을 넣어 문장을 만들 수 있습니다.

패턴 38 연습하기

~를 환불받고 싶어요.

○ 빈칸에 단어를 넣어 말해 보세요. 🎧 19-3

I'd like to get a refund on ☐.
☐를 환불받고 싶어요.

this scarf 디쓰 스칼프 이 스카프, 이 목도리 	**this dress** 디쓰 드레쓰 이 드레스, 이 원피스 	**this hat** 디쓰 햇 이 모자 
these pajamas[1] 디즈 퍼좌머즈 이 잠옷	**these pants** 디즈 팬츠 이 바지 	**these sandals**[2] 디즈 쌘들즈 이 샌들

1 **these pajamas** pajamas는 잠잘 때 입는 윗옷과 바지로 이루어진 잠옷 한 벌을 뜻하는 말입니다. 따라서 여러 개로 보고 단어 끝에 s를 붙입니다.

2 **these sandals** 앞에서 설명했듯 쌍을 이루는 바지와 신발 종류는 뒤에 s나 es를 붙여 씁니다. this sandal은 '이 샌들 한 짝'을 뜻하고 these sandals라고 해야 '이 샌들 한 켤레'를 뜻합니다.

대화하기 교환이 안 되면 환불

○ 다음 대화를 듣고 따라 말해 보세요. 🎧 19-4

어제 싸다고 충동구매로 구입한 치마가 안 맞아서 수지가 다시 상점을 찾았습니다.

수지: Excuse me. I'd like to exchange this skirt.
익스큐즈 미 아이드 라익 투 익쓰췌인쥐 디쓰 스컬트

점원: Is there something the matter with it?
이즈 데얼 썸씽 더 매럴 위드 잇

수지: It doesn't fit me.　　　　　　　　　　　　　　　**fit** (크기가) 맞다
잇 더즌 핏 미

Can I exchange this for a bigger size?
캔 아이 익쓰췌인쥐 디쓰 폴 어 비걸 싸이즈

점원: I'm sorry, but we're sold out.　　　　**sold out** (물건이) 다 팔린
아임 쏘리 벗 위얼 쏠드 아웃

수지: Then, **I'd like to get a refund on this skirt.**
덴 아이드 라익 투 겟 어 리펀드 온 디쓰 스컬트

점원: Okay. Do you have your receipt?
오우케이 두 유 해브 유얼 리씻

수지: Here you are.
히얼 유 알

수지	실례합니다. 이 치마를 교환하고 싶어요.
점원	무슨 문제가 있나요?
수지	저한테 맞지 않아서요. **이거 더 큰 사이즈로 교환되나요?**
점원	죄송하지만 품절이에요.
수지	그러면 **이 치마를 환불받고 싶어요.**
점원	알겠습니다. 영수증 가지고 계세요?
수지	여기 있습니다.

확인하기 19 교환과 환불

정답 221쪽

A 빈칸에 들어갈 알맞은 단어를 [보기]에서 골라 쓰세요.

> 보기   refund | bigger | exchange | skirt

① 이거 더 큰 사이즈로 교환되나요?
Can I exchange this for a _____ size?

② 이 치마 환불받고 싶어요.
I'd like to get a _____ on this _____.

③ 죄송하지만 교환만 하실 수 있습니다.
I'm sorry, but you can only _____ it.

B 보기에서 알맞은 표현을 찾아 다음 문장을 완성하세요.

> 보기   these pants | a different size | a blue one | this hat

① 이거 다른 사이즈로 교환되나요?
Can I exchange this for _____?

② 이거 파란 것으로 교환되나요?
Can I exchange this for _____?

③ 이 모자를 환불받고 싶어요.
I'd like to get a refund on _____.

④ 이 바지를 환불받고 싶어요.
I'd like to get a refund on _____.

영어를 찾아라! 쇼핑 🎧 19-5

Open / Closed 영업 중 / 영업 종료

가게 문 앞에서 흔히 볼 수 있는 팻말인데요, open[오우픈]은 '열린'이란 의미로 영업 중이라는 것을 의미합니다. 반대로 closed[클로우즈드]는 '닫힌'이란 뜻으로 영업이 종료되었음을 나타내지요.

Clearance sale 창고처리 판매

clearance[클리어런스]는 '없애기, 정리'라는 의미인데, 이 뒤에 sale[쎄일]이 붙으면 '창고처리 판매, 염가 처분 판매'라는 뜻이 됩니다. 재고 정리 차원에서 물건을 싸게 파는 할인행사 중 하나지요.

Buy 2 get 1 free 두 개 사면 하나는 무료

buy는 '사다', get은 '얻다' free는 '무료로'라는 뜻이므로, Buy 2 get 1 free[바이 투 겟 원 프리]는 두 개를 사면 하나를 무료로 제공한다는 의미입니다. 한편, buy 1 get 1 free(하나 사면 하나는 무료)도 많이 볼 수 있는 세일 문구입니다.

50% off 50퍼센트 할인

off는 '떨어진, 인하'라는 의미로 '~% off'는 ~퍼센트만큼 가격을 인하한다는 의미입니다. up to ~% off라는 표현도 많이 볼 수 있는데, 이건 '~퍼센트까지 할인'이라는 뜻입니다.

Cash only 현금만 가능

cash는 '현금'을 뜻하고 only는 '오직, 단지'란 뜻인데요, cash only[캐쉬 오운리]는 계산할 때 현금으로 지불하는 것만 가능하다는 의미입니다.

No refunds 환불 불가

refund는 '환불'을 의미하므로 앞에 No가 붙으면 '환불 불가'를 의미합니다. 참고로 '교환 불가'는 No exchanges라고 합니다. 주로 세일하는 상품에서 찾아볼 수 있는 문구예요.

Cashier 계산원

cashier[캐쉬얼]은 돈(cash)을 다루며 계산을 담당하는 '계산원'을 뜻합니다. 쇼핑몰이나 마트에서 계산대를 나타낼 때 이 단어를 씁니다.

Fitting room 탈의실

fitting은 '(옷이) 맞는, 어울리는'이란 의미이고 room은 '방'을 의미합니다. 그래서 fitting room [피팅 룸]은 옷이 맞는지 입어 보는 '탈의실'을 뜻합니다. dressing room[드레씽 룸]이라고도 합니다.

생생 여행정보
미국의 화폐 단위

한국이 '원'을 화폐 단위로 쓰는 것처럼 미국은 '달러'와 '센트'를 화폐 단위로 사용합니다. 미국의 화폐 단위에 대해 알아 봅시다.

dollar 달러

달러는 미국뿐 아니라 캐나다, 호주, 뉴질랜드, 싱가포르, 홍콩 등 다양한 나라에서 쓰고 있는 화폐 단위입니다. 미국 달러는 U.S dollar, 캐나다 달러는 Canadian dollar, 호주 달러는 Australian dollar처럼 나라 이름을 앞에 써서 어떤 나라의 화폐인지 구분합니다. 기호로는 $를 쓰는데, 미국에는 $1, $2, $5, $10, $20, $50, $100짜리 지폐가 있습니다. 가장 단위가 작은 1달러는 동전으로도 발행됩니다. 또한, 2달러도 보기 힘든 지폐인데, 덕분에 우리나라에서는 행운의 상징으로 여겨지고 있지요.

cent 센트

미국에서는 달러보다 한 단계 작은 단위로 cent[센트]를 씁니다. 100센트가 1달러에 해당하지요. 센트는 모두 동전이며, 기호로는 ¢를 씁니다. 미국에는 ¢1, ¢5, ¢10, ¢25, ¢50짜리 동전이 있는데 아래와 같은 별칭이 있습니다.

penny 1센트

가장 작은 단위의 동전입니다.

nickel 5센트

금속의 종류인 니켈(nickel)이 함유되어 있어 붙은 별칭입니다.

dime 10센트

크기가 가장 작은 동전으로, 1센트보다도 작습니다.

quarter 25센트

원래 quarter[쿼털]은 1/4이라는 의미인데, 1달러(100센트)의 1/4이 25센트이기 때문에 붙은 별칭입니다.

half 50센트

half[해프]는 '절반'이라는 뜻으로, 1달러의 절반이 50센트이기 때문에 이런 별칭이 붙었습니다. 주로 기념주화로 발행되기 때문에 일반적으로 보기 힘든 동전입니다.

관광할 때

20 관광안내소

21 공연장

22 박물관

20 관광안내소

○ 다음 대화를 듣고 따라 말해 보세요. 🎧 20-1

대화 A

수지: **Can you recommend** an interesting museum?
캔 유 레커멘드 언 인트러스팅 뮤지엄

직원: **I'd recommend** the Met.
아이드 레커멘드 더 멧

대화 B

진수: **Are there any** tours?
알 데얼 에니 투얼즈

직원: Yes. Here are some brochures.
예쓰 히얼 알 썸 브로슈얼즈

패턴 39 **Can you recommend +** 추천 대상 **?**
~를 추천해 주시겠어요?

'Can you + 동사?'는 다른 사람에게 '~해 주시겠어요?'하고 뭔가를 부탁할 때 쓰는 말이고, recommend는 '추천하다'라는 뜻의 동사예요. 관광지나 명소를 추천받을 때, 식당에서 음식을 추천받을 때, 쇼핑할 때 괜찮은 물건을 추천받을 때 등 다양한 상황에서 쓸 수 있는 패턴입니다.

패턴 39 흥미로운 박물관을 추천해 주시겠어요?
패턴 40 투어가 있나요?

○ 관광안내소에 들리면 유명 관광지부터 맛집까지 유용한 여행 정보를 얻을 수 있습니다. 관광안내소에서 정보를 얻을 때 쓸 수 있는 다양한 표현을 익혀 봅시다.

대화 A

수지   흥미로운 박물관을 추천해 주시겠어요?

직원   메트로폴리탄 미술관을 추천합니다.

대화 B

진수   투어가 있나요?

직원   네. 여기 안내책자입니다.

새로 나온 단어

interesting [인트러스팅] 흥미로운, 재미있는

museum [뮤지엄] 박물관

Met [멧] 메트로폴리탄 미술관

tour [투어] 투어, 관광

brochure [브로슈얼] 안내책자

Met은 미국 뉴욕에 위치한 Metropolitan Museum of Art(메트로폴리탄 미술관)의 줄임말입니다. 고대부터 현대에 이르기까지 다양한 미술품을 전시하고 있습니다.

패턴 40 **Are there any +** 행사 **?**

~가 있나요?

Are there ~?은 '~가 있습니까?'라는 뜻으로 패턴 18의 Is there ~?과 같은 의미입니다. 대신 뒤에는 tours처럼 단어 끝에 s나 es가 붙은 복수형(여러 개)이 옵니다. any는 '어떤, 무슨'이란 뜻으로 명사 앞에 올 수 있어요. Are there any ~?라고 하면 '어떤 ~라도 있나요?'란 뜻이 되지만, 그냥 '~가 있나요?'라고 해석해도 자연스럽습니다.

패턴 39 연습하기 ~를 추천해 주시겠어요?

○ 빈칸에 단어를 넣어 말해 보세요. 🎧 20-2

Can you recommend ⬜?
⬜를 추천해 주시겠어요?

a good musical
어 굿 뮤지컬
괜찮은 뮤지컬

a famous restaurant
어 페이머쓰 레스터런트
유명한 식당

some tourist attractions[1]
썸 투어리스트 어트랙션즈
관광지 좀

a nice hotel
어 나이쓰 호우텔
좋은 호텔

---

1 some tourist attractions tourist[투어리스트]는 '관광객, 관광의'라는 뜻이고 attraction[어트랙션]은 '(사람을 끄는) 명소, 볼거리'라는 뜻입니다. 그래서 두 단어를 이어 붙이면 '관광지'라는 의미가 됩니다. 뉴욕의 상징이라고 할 수 있는 Statue of Liberty(자유의 여신상), 런던의 금색 시계탑 Big Ben(빅 벤), 도시 전경이 한눈에 내려다 보이는 파리의 Eiffel Tower(에펠탑) 같은 곳들이 잘 알려진 대표적인 tourist attraction이지요.

패턴 40 연습하기

~가 있나요?

○ 빈칸에 단어를 넣어 말해 보세요. 🎧 20-3

Are there any ⬚?
⬚ 가 있나요?

city tours
씨티 투얼즈
도시 투어

night tours
나잇 투얼즈
야간 투어

sporting events[1]
스폴팅 이벤츠
스포츠 경기

local festivals
로우컬 페스터벌즈
지역 축제

1 sporting events sporting은 '스포츠의', event는 '행사, 스포츠 경기'란 뜻입니다. 외국에서 인기 있는 스포츠 경기에는 football[풋볼: 미식축구], soccer[싸컬: 축구], baseball[베이쓰볼: 야구], basketball[배스킷볼: 농구] 등이 있습니다. 미국 여행을 한다면 바다가 보이는 야구장으로 유명한 샌프란시스코의 AT&T Park에서 야구 경기를 보는 것도 좋고, 이탈리아나 스페인에서는 AC밀란이나 FC바르셀로나 같은 축구 강팀의 경기도 즐겨 보세요.

대화하기 관광 전에 정보 수집은 필수!

🎧 다음 대화를 듣고 따라 말해 보세요. 20-4

진수가 본격적으로 관광하기 전에 관광 정보를 얻으려고 관광안내소에 들렸습니다.

진수: Hello. I'd like to get a city map.
헬로우 아이드 라익 투 겟 어 씨티 맵

직원: Here you are.
히얼 유 알

진수: **Can you recommend** an interesting museum?
캔 유 레커멘드 언 인트러스팅 뮤지엄

직원: The Brooklyn Museum is near here, but it's closed today.
더 브룩클린 뮤지엄 이즈 니얼 히얼 벗 잇츠 클로우즈드 투데이

진수: Then, **are there any** tours?
덴 알 데얼 에니 투얼즈

직원: Yes. You can find brochures on tours over there.
예쓰 유 캔 파인드 브로슈얼즈 온 투얼즈 오우벌 데얼

진수: Thank you for your help.
쌩큐 폴 유얼 헬프

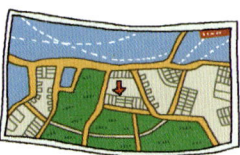

진수	안녕하세요. 시내 지도를 받고 싶은데요.
직원	여기 있습니다.
진수	**흥미로운 박물관을 추천해 주실래요?**
직원	브루클린 박물관이 근처인데, 오늘은 문을 닫았습니다.
진수	그러면 **투어가 있나요?**
직원	네. 저기서 투어에 관한 안내책자를 찾으실 수 있어요.
진수	도와주셔서 고맙습니다.

확인하기 20 관광안내소

정답 221쪽

A 빈칸에 들어갈 알맞은 단어를 [보기]에서 골라 쓰세요.

> 보기   brochures | recommend | tours | museum

① 흥미로운 박물관을 추천해 주시겠어요?
Can you _____ an interesting _____?

② 투어가 있나요?
Are there any _____ ?

③ 여기 안내책자입니다.
Here are some _____ .

B 보기에서 알맞은 표현을 찾아 다음 문장을 완성하세요.

> 보기   a nice hotel | local festivals
> a famous restaurant | city tours

① 유명한 식당을 추천해 주시겠어요?
Can you recommend _____ ?

② 좋은 호텔을 추천해 주시겠어요?
Can you recommend _____ ?

③ 지역 축제가 있나요?
Are there any _____ ?

④ 도시 투어가 있나요?
Are there any _____ ?

21 공연장

○ 다음 대화를 듣고 따라 말해 보세요. 🎧 21-1

대화 A

직원 **How can I help you?**
하우 캔 아이 헬프 유

진수 **One ticket for *Cats*, please.**
원 티킷 폴 캣츠 플리즈

대화 B

수지 **What time does the show start?**
왓 타임 더즈 더 쇼우 스탈트

직원 **At 2 o'clock.**
앳 투 어클락

패턴 41 **One ticket for + 공연 이름 , please.**
　　　　　~ 표 한 장 주세요.

공연장이나 영화관에서 표를 구입할 때는 정중하게 부탁할 때 쓰는 please를 활용하면 됩니다. One ticket은 '표 한 장'이란 뜻인데, 표가 두 장 이상 필요할 때는 '숫자(Two, Three, Four …) + tickets'를 써서 Two tickets for *Cats*, please.(캣츠 표 두 장 주세요.)처럼 말해 보세요.

172

패턴 41 '캣츠' 표 한 장 주세요.
패턴 42 공연은 몇 시에 시작하나요?

○ 뉴욕의 브로드웨이나 런던의 웨스트엔드에 가면 세계적으로 유명한 공연을 볼 수 있습니다. 공연 표를 구입하고 공연의 시작 시간을 묻는 표현을 익혀 봅시다.

대화 A

직원   뭘 도와드릴까요?
진수   '캣츠' 표 한 장 주세요.

대화 B

수지   공연은 몇 시에 시작하나요?
직원   정각 2시에요.

새로 나온 단어

ticket [티킷] 표
cat [캣] 고양이
show [쇼우] 공연
start [스탈트] 시작하다
o'clock [어클락] 정각 ~시

Cats는 '고양이들'이란 뜻이에요. 뮤지컬 '캣츠'는 축제를 위해 모인 고양이들의 이야기를 담은 공연인데요, 공연 중간중간에 고양이로 분장한 배우들이 객석 여기저기에서 출몰하지요.

패턴 42 **What time does + 공연 + start?**
~는 몇 시에 시작하나요?

공연뿐 아니라 영화, 축제, 투어 등의 시작 시간을 알고 싶을 때도 쓸 수 있는 패턴입니다. What time은 '몇 시에'라는 뜻이고 start는 '시작하다'라는 뜻이에요. 참고로, 공연이 끝나는 시간을 알고 싶다면 start(시작하다) 대신 finish[피니쉬: 끝마치다]나 end[엔드: 끝나다]를 넣어서 물어보면 됩니다.

패턴 41 연습하기 ～표 한 장 주세요.

○ 빈칸에 단어를 넣어 말해 보세요. 🎧 21-2

One ticket for ☐, please.
☐ 표 한 장 주세요.

The Lion King¹
더 라이언 킹
라이온 킹

Jekyll and Hyde
줴컬 앤 하이드
지킬과 하이드

Les Miserables²
레 미제라블르
레미제라블

The Phantom of the Opera
더 팬텀 어브 디 아퍼러
오페라의 유령

---

1 The Lion King 디즈니의 애니메이션을 원작으로 한 뮤지컬로, lion은 '사자', king은 '왕'이라는 뜻입니다. 배우들이 모두 동물 분장을 하고 나와 유명합니다.

2 Les Miserables 프랑스어로 '비참한 사람들'이라는 뜻으로, 빅토르 위고의 소설을 원작으로 한 뮤지컬입니다. 우리나라에서는 '장발장'으로 많이 알려져 있지요. 세계에서 가장 오랜 기간 동안 공연한 뮤지컬로, 2012년에는 동명의 영화로 만들어지기도 했습니다.

패턴 42 연습하기 ~는 몇 시에 시작하나요?

○ 빈칸에 단어를 넣어 말해 보세요. 🎧 21-3

What time does the ☐ start?
☐ 는 몇 시에 시작하나요?

movie
무비
영화

opera[1]
아퍼러
오페라

musical
뮤지컬
뮤지컬

play
플레이
연극

ballet[2]
밸레이
발레

concert
칸썰트
음악회, 연주회

1 opera 오페라는 주로 문학 작품, 또는 역사나 신화 속 인물의 이야기를 바탕으로 합니다. 뮤지컬과는 달리 대사 없이 노래로만 진행된다는 것이 특징입니다. 오페라 극장 중에는 호주의 Sydney Opera House[씨드니 아퍼러 하우스]가 특히 유명하지요.

2 ballet 발레는 주제와 줄거리를 무용만으로 표현하는 공연입니다. 대사 없이 몸짓만으로 이야기를 이끌어 나가므로 영어를 잘 몰라도 감상하기 좋습니다.

대화하기 본고장에서 오리지널 공연을!

🔊 다음 대화를 듣고 따라 말해 보세요. 🎧 21-4

오늘은 우아하게 공연을 감상하기로 한 수지가 뮤지컬 표를 구입하려고 매표소에 갔습니다.

수지 **One ticket for *Cats*, please.**
원 티킷 폴 캣츠 플리즈

직원 For which time? There is a matinee and an evening
폴 위춰 타임 데얼 이즈 어 매터네이 앤드 언 이브닝

performance today.   *matinee* 낮 공연
펄폴먼쓰 투데이

수지 **What time does the show start** in the evening?
왓 타임 더즈 더 쇼우 스탈트 인 디 이브닝

직원 It starts at 8.
잇 스탈츠 앳 에잇

수지 Then, I'd like a ticket for the evening performance.
덴 아이드 라잇 어 티킷 폴 더 이브닝 펄폴먼쓰

직원 Okay. Where would you like to sit?
오케이 웨얼 우드 유 라익 투 씻

수지 Can I sit near the front?   *front* 앞
캔 아이 씻 니얼 더 프론트

직원 Yes. Front-row tickets are 40 dollars.
예쓰 프론트 로우 티킷츠 알 폴티 달럴즈

수지	'캣츠' 표 한 장 주세요.
직원	몇 시로요? 오늘은 낮 공연과 저녁 공연이 있습니다.
수지	저녁에 공연은 몇 시에 시작하죠?
직원	8시에 시작합니다.
수지	그러면 저녁 공연 표로 주세요.
직원	알았습니다. 어디 앉으시겠어요?
수지	앞쪽에 앉을 수 있나요?
직원	네. 앞줄 표는 40달러입니다.

확인하기 21 공연장

정답 222쪽

A 빈칸에 들어갈 알맞은 단어를 [보기]에서 골라 쓰세요.

보기 | o'clock | start | ticket | time

① '캣츠' 표 한 장 주세요.
One _____ for *Cats*, please.

② 공연은 몇 시에 시작하나요?
What _____ does the show _____ ?

③ 정각 2시에요.
At 2 _____ .

B 보기에서 알맞은 표현을 찾아 다음 문장을 완성하세요.

보기 | concert | *The Lion King* | musical | *Jekyll and Hyde*

① '지킬과 하이드' 표 한 장 주세요.
One ticket for _____ , please.

② '라이온킹' 표 한 장 주세요.
One ticket for _____ , please.

③ 뮤지컬은 몇 시에 시작하나요?
What time does the _____ start?

④ 음악회는 몇 시에 시작하나요?
What time does the _____ start?

22 박물관

○ 다음 대화를 듣고 따라 말해 보세요. 🎧 22-1

대화 A

수지 **What time does** the museum **close today?**
왓   타임   더즈   더   뮤지엄
클로우즈   투데이

직원 It closes at 5.
잇   클로우지즈   앳   파이브

대화 B

진수 **Where can I** get a map of the museum?
웨얼   캔   아이 겟   어 맵   어브 더   뮤지엄

직원 You can get one at the front desk.
유   캔   겟   원   앳   더   프런트   데스크

패턴 43 **What time does** + 장소 + **close today?**
~는 오늘 몇 시에 문을 닫나요?

패턴 42에서 배운 What time(몇 시)을 활용한 패턴이에요. close는 '문을 닫다'라는 의미의 동사입니다. 박물관을 비롯해 관광지, 가게, 식당 등 특정한 장소의 문 닫는 시간을 물을 때 쓸 수 있는 패턴입니다. 참고로 문 여는 시간이 궁금할 때는 close 대신 open[오픈: 열다]를 넣어 물어보면 됩니다.

178

패턴 43 오늘 박물관은 몇 시에 문을 닫나요?
패턴 44 박물관 지도를 어디서 받을 수 있나요?

○ 여행을 하다 보면 박물관과 미술관을 비롯해 다양한 관광지를 방문하게 됩니다. 박물관을 중심으로 관광지에서 쓸 수 있는 표현을 익혀 봅시다.

대화 A

수지 오늘 박물관은 몇 시에 문을 닫나요?

직원 5시에 문을 닫습니다.

대화 B

진수 박물관 지도를 어디서 받을 수 있나요?

직원 안내데스크에서 받으실 수 있어요.

새로 나온 단어

museum [뮤지엄] 박물관
close [클로우즈] 문을 닫다
today [투데이] 오늘
map [맵] 지도
front desk [프런트 데스크] 안내데스크

front는 '앞', desk는 '책상'이란 뜻으로, front desk는 박물관이나 호텔 같은 건물 입구에 있는 안내창구를 뜻합니다.

패턴 44 Where can I + 행동 ?
어디서 ~할 수 있어요?

Where은 '어디에서', can I는 '제가 ~할 수 있어요?'라는 의미예요. 'Where can I + 동사?'라고 물으면 '어디에서 ~할 수 있나요?'하고 어떤 행동을 할 수 있는 장소를 물어보는 표현입니다. 동사 get[겟: 받다]과 find[파인드: 찾다]를 활용해서 Where can I get ~?(어디서 ~를 받을 수 있어요?)와 Where can I find ~?(어디서 ~를 찾을 수 있어요?)의 형태로 많이 씁니다.

| 패턴 43 연습하기 | **~는 오늘 몇 시에 문을 닫나요?** |

○ 빈칸에 단어를 넣어 말해 보세요. 🎧 22-2

What time does the ☐ close today?

☐ 는 오늘 몇 시에 문을 닫나요?

palace 팰리쓰 궁전	**zoo** 주 동물원	**aquarium** 어퀘어리엄 수족관
cathedral[1] 커씨드럴 대성당	**art museum** 알트 뮤지엄 미술관	**botanical garden**[2] 버태니컬 갈든 식물원

1 cathedral 유럽 명소 중 역사가 오래된 큰 규모의 성당을 표기할 때 많이 볼 수 있는 단어입니다. 바로크 양식으로 지은 런던의 St. Paul's Cathedral(세인트 폴 대성당)이 특히 유명한데, 한국의 명동 성당도 cathedral에 속한답니다.

2 botanical garden botanical은 '식물의'란 뜻이고, garden은 '정원'을 의미합니다. 그래서 botanical garden은 '식물원'이란 뜻이 됩니다. 미국의 New York botanical garden[뉴욕 버태니컬 갈든]이 특히 유명하지요.

패턴 44 연습하기 어디서 ~할 수 있어요?

● 빈칸에 단어를 넣어 말해 보세요. 🎧 22-3

Where can I ☐ ?
어디서 ☐ 할 수 있어요?

buy a ticket
바이 어 티킷
표를 구입하다

find the restroom
파인드 더 레스트룸
화장실을 찾다

rent an audio guide[1]
렌트 언 오디오우 가이드
음성가이드를 빌리다

get a brochure[2]
겟 어 브로슈얼
안내책자를 받다

1 rent an audio guide rent는 '빌리다', audio는 '음성의', guide는 '안내인'이라는 뜻입니다. audio guide는 박물관이나 전시회에서 관람객에게 제공하는 '음성 해설 기계'를 말합니다. 휴대폰처럼 생긴 기계와 이어폰으로 구성되어 있어, 들고 다니면서 박물관의 소장품에 대한 설명을 들을 수 있습니다.

2 get a brochure brochure은 프랑스어에서 온 말로, 얇게 만든 정보용 소책자를 뜻합니다. 더 얇은 소책자는 pamphlet[팸플럿]이라고도 해요.

대화하기: 오늘은 유식하게 박물관 구경

🎧 다음 대화를 듣고 따라 말해 보세요. 22-4

오후 늦게 박물관을 방문한 진수가 표를 사러 매표소로 갔습니다.

진수 **What time does the museum close today?**
왓 타임 더즈 더 뮤지엄 클로우즈 투데이

직원 It closes at 6 on Mondays.   **Monday** 월요일
잇 클로우지즈 앳 씩스 온 먼데이즈

진수 What's the admission fee?   **admission fee** 입장료
왓츠 디 어드미션 피

직원 It's 16 dollars for adults.   **adult** 성인, 어른
잇츠 씩스틴 달럴즈 폴 어덜츠

진수 Okay. One adult, please.
오우케이 원 어덜츠 플리즈

직원 Here's your ticket.
히얼즈 유얼 티킷

진수 **Where can I get a map of the museum?**
웨얼 캔 아이 겟 어 맵 어브 더 뮤지엄

직원 You can get a free map at the entrance.   **entrance** 입구
유 캔 겟 어 프리 맵 앳 디 엔트런쓰

진수	**박물관은 오늘 몇 시에 문을 닫나요?**
직원	월요일에는 6시에 문을 닫습니다.
진수	입장료는 얼마죠?
직원	어른은 16달러입니다.
진수	좋아요. 어른 한 장 주세요.
직원	여기 표 있습니다.
진수	**박물관 지도는 어디서 받을 수 있나요?**
직원	입구에서 무료 지도를 받으실 수 있어요.

확인하기 22 박물관

정답 222쪽

A 빈칸에 들어갈 알맞은 단어를 [보기]에서 골라 쓰세요.

| 보기 | front | map | time | close |

① 오늘 박물관은 몇 시에 문을 닫나요?
   What _____ does the museum _____ today?

② 박물관 지도를 어디서 받을 수 있나요?
   Where can I get a _____ of the museum?

③ 안내 데스크에서 받으실 수 있어요.
   You can get one at the _____ desk.

B 보기에서 알맞은 표현을 찾아 다음 문장을 완성하세요.

| 보기 | get a brochure | buy a ticket | zoo | art museum |

① 미술관은 오늘 몇 시에 문을 닫나요?
   What time does the _____ close today?

② 동물원은 오늘 몇 시에 문을 닫나요?
   What time does the _____ close today?

③ 어디서 표를 살 수 있어요?
   Where can I _____ ?

④ 어디서 안내책자를 받을 수 있어요?
   Where can I _____ ?

영어를 찾아라! 관광 🎧 22-5

Tourist information 관광 안내

tourist는 '관광객', information은 '정보'를 의미합니다. tourist information[투어리스트 인폴메이션]은 관광객이 다양한 정보를 얻을 수 있는 '관광 안내소'를 뜻하는 표지판입니다. information의 약자인 i라고만 표시되어 있기도 합니다.

Lost and Found 유실물 보관소

Lost and Found[로스트 앤 파운드]는 lost(잃어버린, 분실된)와 found(발견된)가 조합된 말로, 잃어버린 물건을 찾는 유실물 보관소를 뜻합니다. 박물관이나 놀이공원에서 많이 볼 수 있는 시설이지요.

Tickets 표

ticket은 '표, 입장권'을 의미합니다. 관광지 표지판에 Tickets라고 써있으면 표를 살 수 있는 매표소를 뜻합니다. 참고로, 공연장이나 영화관에서 표를 살 수 있는 매표소는 box office[박쓰 오피쓰]라고 합니다.

Sold out 매진

sold out[쏘울드 아웃]은 '매진된, 품절의'라는 뜻입니다. 공연 표가 다 팔렸을 때 볼 수 있는 표지판인데, 가게에서는 물건이 다 팔리고 없다는 의미도 됩니다.

General admission 일반 입장료

admission은 '입장료'라는 뜻이고, general은 '일반적인'이란 뜻이에요. 박물관에 따라 Child(아이), Senior(노인), Student(학생)에게는 입장료를 할인해 주는데, general admission[제너럴 어드미션]은 보통 성인이 내는 '일반 입장료'를 의미합니다.

No photography 사진촬영 금지

No는 '금지', photography[퍼타그러피]는 '사진 촬영'을 의미하므로, '사진 촬영 금지'를 뜻합니다. 간단하게 '사진 금지'라는 뜻의 No photos[노우 포우토우즈] 또는 No pictures[노우 픽철즈]라고 표기하기도 합니다.

No food or drink 음식물 반입 금지

food는 '음식', drink는 '음료'를 의미하므로 '음식이나 음료 금지', 즉 '음식물 반입 금지'라는 의미입니다. 박물관 중에서는 전시물의 훼손을 막기 위해 음식물을 가지고 들어갈 수 없는 곳도 많으니, 이 표지판을 눈여겨보세요.

Silence please 정숙해 주세요

silence[싸일런쓰]는 '고요, 침묵'을 의미하는데, '정숙하다'라는 의미도 있습니다. 뒤에 please를 붙여 '조용히 해 주세요'라고 부탁하는 표지판입니다. 전시회나 공연장, 또는 동물원에서 많이 볼 수 있는 표현이에요.

> **생생 여행정보**
> # 기념일 즐기기
>
>
>
> 해외여행을 갔을 때는
> 그 나라의 기념일을 즐겨보는 것도
> 현지인의 삶을 느껴볼 수 있는
> 좋은 방법입니다. 서양의 대표적인
> 기념일에 대해 알아 봅시다.

Thanksgiving Day 추수감사절

Thanksgiving Day[땡스기빙 데이]는 한국의 추석과 비슷한 전통적인 명절입니다. 미국은 11월 넷째 주 목요일, 캐나다는 10월 둘째 주 월요일에 기념합니다. 추수감사절은 가족이 함께 모이는 날입니다. 칠면조와 옥수수를 비롯한 여러 음식을 만들어 먹으면서 가족과 함께 시간을 보내지요. 미국에서 추수감사절 다음날인 금요일은 Black Friday(검은 금요일)라고 불리는데요, 많은 상점들이 대대적으로 세일을 하기 때문에 쇼핑하기 최적의 시기입니다.

Christmas 크리스마스

우리나라에서도 큰 기념일 중 하나인 크리스마스(12월 25일)는 서양에서는 굉장히 큰 명절입니다. 추수감사절과 마찬가지로 가족이 함께 모이는 날이지요. 특히 크리스마스 시즌인 11월 말부터 크리스마스까지, 독일과 오스트리아 등 유럽 여러 나라의 광장에서 전통 장터인 크리스마스 마켓이 열리고는 합니다. 다양한 크리스마스 장식품을 비롯해 치즈, 와인 등의 다양한 식료품도 구입할 수 있습니다.

Halloween 핼러윈

Halloween[핼로우인]은 아일랜드계 이민자들이 들여온 축제로, 10월 31일에 치뤄집니다. 아이들이 괴물과 유령 분장을 하고 집집마다 사탕을 얻으러 돌아다닙니다. 어른들도 분장을 하고 파티에 참여하고는 하지요. 집 주변에 호박으로 만든 등이나 유령, 거미줄 모형을 장식해 두기도 합니다. 미국 상점에서는 핼러윈 시즌에 들어서는 10월부터 핼러윈 때 쓸 분장 옷과 도구, 장식품 등 다양한 물건들을 판매하고는 하지요. 독특한 기념품을 얻고 싶다면 이 시기를 이용해 보세요.

New Year's Day 새해 첫날

해가 바뀌는 1월 1일은 New Year's Day[뉴 이얼즈 데이]로, 우리나라와 마찬가지로 세계 여기저기서 성대한 축제가 벌어집니다. 특히 뉴욕 타임스 스퀘어에서는 12월 31일 밤에 세계적으로 인기 있는 가수들의 공연이 펼쳐지는데요, 새해로 넘어가는 자정에는 공중에 매달았던 공을 아래로 떨어트리는 재미있는 행사도 갖습니다. 우리나라 보신각의 타종행사처럼 엄청난 인파가 모여 새해를 축하하지요.

문제가 생겼을 때

23 길 찾기
24 도난 신고

23 길 찾기

○ 다음 대화를 듣고 따라 말해 보세요. 🎧 23-1

대화 A

진수: **How can I get to** Central Park?
하우 캔 아이 겟 투 쎈추럴 팔크

행인: Take the number 5 bus.
테익 더 넘벌 파이브 버쓰

대화 B

수지: **Where is the nearest** bus stop?
웨얼 이즈 더 니어리스트 버쓰 스탑

행인: Go straight and turn left at the corner.
고우 스트레잇 앤 턴 레프트 앳 더 콜널

패턴 45 **How can I get to +** 장소 **?**
～에 어떻게 가나요?

어떤 장소에 가는 방법을 물어볼 때 사용할 수 있는 표현입니다. how는 '어떻게'라는 의미로, 방법이나 수단을 물을 때 쓰는 의문사입니다. 'How can I+동사'는 '어떻게 ~할 수 있습니까?'라는 뜻인데요, get to(~에 도착하다) 뒤에 다양한 장소를 넣어 그곳까지 가는 교통수단이나 걸어가는 법을 물어볼 수 있습니다.

패턴 45 센트럴 파크에 어떻게 가나요?

패턴 46 가장 가까운 버스 정류장이 어디인가요?

○ 여행하다 길을 잃고 헤맬 때는 주저하지 말고 현지인에게 말을 거세요. 이런 상황에서 어떻게 영어로 물어보면 되는지 알아 봅시다.

대화 A

진수   센트럴 파크에 어떻게 가나요?
행인   5번 버스를 타세요.

대화 B

수지   가장 가까운 버스 정류장이 어디인가요?
행인   쭉 가다가 모퉁이에서 왼쪽으로 꺾으세요.

새로 나온 단어

get to [겟 투] ~에 도착하다
park [팔크] 공원
bus stop [버쓰 스탑] 버스 정류장
go [고우] 가다
straight [스트레잇] 곧장, 쭉
turn [턴] 꺾다, 돌다
left [레프트] 왼쪽으로
corner [콜널] 모퉁이

패턴 46 **Where is the nearest +** 장소 **?**

가장 가까운 ~는 어디 있나요?

길을 물어볼 때 쓸 수 있는 대표적인 표현입니다. Where is ~?는 앞에서 배웠듯이 장소를 묻는 표현이고, the nearest는 '가장 가까운'이란 뜻으로 형용사 near(가까운)에 -est를 붙인 최상급 표현입니다. 내가 지금 있는 곳에서 가장 가까운 곳에 있는 장소를 물어볼 때는 이 패턴을 활용하세요.

| 패턴 45 연습하기 | ~에 어떻게 가나요? |

○ 빈칸에 단어를 넣어 말해 보세요. 🎧 23-2

How can I get to ⬜?
⬜에 어떻게 가나요?

---

the Korean embassy
더 커리언 엠버씨
한국 대사관

the natural history museum[1]
더 네츄럴 히스터리 뮤지엄
자연사 박물관

Liberty Island[2]
리벌티 아일런드
리버티 섬

Queen's Theater
퀸쓰 씨어털
퀸스 극장

---

1 the natural history museum natural은 '자연의', history는 '역사', 그리고 museum은 '박물관'을 뜻합니다. natural history museum은 말 그대로 동식물, 지질 등 자연의 역사에 관한 전반적인 자료를 전시한 박물관을 말해요.

2 Liberty Island liberty는 '자유', island는 '섬'을 뜻하는데요, 리버티 섬은 Statue of Liberty[스태추 오브 리벌티: 자유의 여신상]이 있는 미국 뉴욕의 작은 섬입니다. 무료로 운행하는 페리를 타고 갈 수 있어요.

패턴 46 연습하기

가장 가까운 ~는 어디 있나요?

○ 빈칸에 단어를 넣어 말해 보세요. 🎧 23-3

Where is the nearest ▢ ?
가장 가까운 ▢ 는 어디 있나요?

---

taxi stand
택씨 스탠드
택시 정류장

subway station
써브웨이 스테이션
지하철역

supermarket
쑤펄말킷
슈퍼마켓

department store[1]
디팔트먼트 스토얼
백화점

■ **다양한 장소** gas station[개쓰 스테이션: 주유소], convenience store[컨비니언쓰 스토얼: 편의점], coffee shop[커피 샵: 커피숍], fast food restaurant[패스트푸드 레스터런트: 패스트푸드 음식점] 등 다양한 장소를 넣어 근처에 있는지 물어보세요.

1 department store department는 '(가게의) 매장'을 뜻하는 단어인데요, 백화점은 여러 개의 매장으로 이루어진 가게(store)이므로 department store이라고 합니다.

대화하기 물어물어 공원 찾아가기

🎧 다음 대화를 듣고 따라 말해 보세요. 23-4

방향치인 수지가 길을 잃고 헤매고 있습니다. 결국 누군가에게 길을 물어보기로 합니다.

수지 Excuse me. **How can I get to Central Park?**
익스큐즈 미 하우 캔 아이 겟 투 쎈추럴 팔크

행인 It's quite far from here.   **quite** 꽤
잇츠 콰잇 팔 프럼 히얼

수지 How far is it?   **far** 먼
하우 팔 이즈 잇

행인 It takes 30 minutes on foot.   **on foot** 도보로
잇 테익스 썰티 미닛츠 온 풋

It's better to take the bus.   **better** 더 좋은
잇츠 베럴 투 테익 더 버쓰

수지 **Where is the nearest bus stop?**
웨얼 이즈 더 니어리스트 버쓰 스탑

행인 Go straight and turn right at the bookstore.   **right** 오른쪽
고우 스트레잇 앤 턴 라잇 앳 더 북스토얼

Take the number 5 bus.   **bookstore** 서점
테익 더 넘벌 파이브 버쓰

수지	실례합니다. **센트럴 파크에 어떻게 가나요?**
행인	여기서 꽤 멀어요.
수지	얼마나 먼가요?
행인	걸어서 30분이 걸려요. 버스 타시는 게 나아요.
수지	**가장 가까운 버스 정류장은 어디인가요?**
행인	쭉 가다 서점에서 오른쪽으로 꺾으세요. 5번 버스를 타세요.

확인하기 23 길 찾기

정답 222쪽

A 빈칸에 들어갈 알맞은 단어를 [보기]에서 골라 쓰세요.

> 보기 straight | get | corner | nearest

① 센트럴 파크에 어떻게 가나요?
How can I _____ to Central Park?

② 가장 가까운 버스 정류장이 어디인가요?
Where is the _____ bus stop?

③ 쭉 가다가 모퉁이에서 왼쪽으로 꺾으세요.
Go _____ and turn left at the _____.

B 보기에서 알맞은 표현을 찾아 다음 문장을 완성하세요.

> 보기 Liberty Island | the Korean embassy
> subway station | department store

① 한국 대사관에 어떻게 가나요?
How can I get to _____?

② 리버티 섬에 어떻게 가나요?
How can I get to _____?

③ 가장 가까운 백화점은 어디 있나요?
Where is the nearest _____?

④ 가장 가까운 지하철역은 어디 있나요?
Where is the nearest _____?

24 도난 신고

🔊 다음 대화를 듣고 따라 말해 보세요. 🎧 24-1

대화 A

진수: **Is there a** police station **around here**?
이즈 데얼 어 펄리쓰 스테이션 어라운드 히얼

행인: Yes. There's one across the street.
예쓰 데얼즈 원 어크로쓰 더 스트릿

대화 B

경찰: How can I help you?
하우 캔 아이 헬프 유

수지: **My** bag **was stolen**.
마이 백 워즈 스토울런

패턴 47 Is there a[an] + 장소 + around here?
근처에 ~가 있나요?

찾는 장소가 근처에 있는지 물어볼 때 쓸 수 있는 패턴입니다. 'Is there + 명사'는 '~가 있나요?'란 뜻이고, around here은 '이 근처에'라는 뜻이에요. 이때, '노량진 경찰서' 같이 특정하지 않고 아무 경찰서나 알려달라고 할 때는 장소 앞에 the가 아니라 a나 an을 붙이므로 주의하세요. around here 대신 같은 뜻의 near here[니얼 히얼]을 써도 좋습니다.

| 패턴 47 | 근처에 경찰서가 있나요?
| 패턴 48 | 제 가방을 도둑 맞았어요.

○ 여행지에서 소지품을 도둑 맞는다면 그것보다 곤란한 일은 없는데요.
물건을 도둑 맞았거나 응급상황일 때 대처할 수 있는 표현을 익혀 봅시다.

대화 A

진수 근처에 경찰서가 있나요?
행인 네. 길 건너에 하나 있습니다.

대화 B

경찰 뭘 도와드릴까요?
수지 제 가방을 도둑 맞았어요.

새로 나온 단어

police station
[펄리쓰 스테이션] 경찰서

around here
[어라운드 히얼] 근처에

across [어크로쓰]
~건너편에

street [스트릿] 길

stolen [스토울런] 도둑 맞은

| 패턴 48 | **My +** | 물건 | **+ was stolen.**
내 ~를 도둑 맞았어요.

stolen은 steal[스틸: 훔치다, 도둑질하다]의 과거분사형으로, '도난 당한, 도둑 맞은'이란 뜻입니다. 물건을 도둑 맞은 사실은 내가 말하고 있는 시점보다 과거이므로, 과거형을 써서 was stolen이라고 말해야 합니다. 이와 비슷하게, 물건을 잃어버렸을 때도 lose[루즈: 잃어버리다]의 과거형 lost[로스트: 잃어버렸다]를 써서 'I lost my + 물건.'으로 말합니다.

패턴 47 연습하기 — 근처에 ~가 있나요?

○ 빈칸에 단어를 넣어 말해 보세요. 🎧 24-2

Is there a ☐ around here?
근처에 ☐ 가 있나요?

hospital
하스피틀
병원

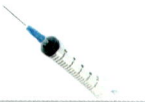

drugstore[1]
드럭스토얼
약국

restroom
레스트룸
화장실

bank
뱅크
은행

post office
포스트 오피쓰
우체국

pay phone[2]
페이 폰
공중전화

1 drugstore 처방전 없이 바로 살 수 있는 약과 비타민, 화장품 등을 함께 파는 가게입니다. 약사가 처방전을 받고 약을 조제해 주는 약국은 pharmacy[팔머씨]라고 합니다.

2 pay phone pay는 '지불하다', phone은 '전화'라는 뜻으로, 동전이나 신용카드로 값을 지불하고 사용하는 '공중전화'를 말합니다. 요즘에는 휴대폰이 있어서 공중전화 쓸 일이 거의 없지만, 응급상황을 대비해서 알아두세요.

패턴 48 연습하기 — 내 ~를 도둑 맞았어요.

○ 빈칸에 단어를 넣어 말해 보세요. 🎧 24-3

My ☐ was stolen.
내 ☐를 도둑 맞았어요.

wallet
월릿
지갑

backpack[1]
백팩
배낭

handbag
핸드백
핸드백

cellphone[2]
쎌포운
휴대폰

credit card
크레딧 칼드
신용카드

camera
캐머러
카메라

1 backpack back은 '등, 뒤', pack은 '짐'이란 뜻이에요. backpack은 말 그대로 등에 메는 '배낭'을 의미합니다.

2 cellphone 휴대폰은 영어로 handphone(핸드폰)이 아니라 cellphone이라고 합니다. cellular phone[쎌룰러 포운]의 줄임말이지요. 영국에서는 mobile phone[모바일 포운]이라고도 해요. 한편 인터넷이 되는 스마트폰은 smartphone [스말트포운]이라고 합니다.

대화하기 늦기 전에 도난 신고

🔊 다음 대화를 듣고 따라 말해 보세요. 🎧 24-4

소매치기가 수지의 가방을 훔쳐 달아나버렸습니다. 수지가 급히 경찰서를 찾고 있습니다.

수지 **Excuse me. Is there a police station around here?**
익스큐즈 미 이즈 데얼 어 펄리쓰 스테이션 어라운드 히얼

행인 Yes, it's just around the corner.
예쓰 잇츠 줘스트 어라운드 더 코널

수지 Thank you.
쌩큐

잠시 후, 수지가 도난 신고를 하러 경찰서에 들어섰습니다.

수지 Hello. I'd like to report a theft.   **report** 신고하다, **theft** 절도
헬로우 아이드 라익 투 리폴트 어 쎄프트

경찰 Okay. What was stolen?
오우케이 왓 워즈 스토울런

수지 **My bag was stolen.**
마이 백 워즈 스토울런

경찰 What was in it?
왓 워즈 인 잇

수지 My camera and passport.
마이 캐머러 앤 패스폴트

수지	실례합니다. **근처에 경찰서가 있나요?**
행인	네, 모퉁이를 돌면 바로예요.
수지	감사합니다.
수지	안녕하세요. 도난 신고를 하고 싶은데요.
경찰	알겠습니다. 뭘 도둑 맞으셨나요?
수지	**제 가방을 도둑 맞았어요.**
경찰	안에 뭐가 있었죠?
수지	제 카메라와 여권이요.

확인하기 24 도난 신고

A 빈칸에 들어갈 알맞은 단어를 [보기]에서 골라 쓰세요.

> 보기 stolen | around | across | police

① 근처에 경찰서가 있나요?
Is there a _____ station _____ here?

② 네. 길 건너에 하나 있습니다.
Yes. There's one _____ the street.

③ 제 가방을 도둑 맞았어요.
My bag was _____.

B 보기에서 알맞은 표현을 찾아 다음 문장을 완성하세요.

> 보기 wallet | hospital | cellphone | bank

① 근처에 은행이 있나요?
Is there a _____ around here?

② 근처에 병원이 있나요?
Is there a _____ around here?

③ 제 지갑을 도둑 맞았어요.
My _____ was stolen.

④ 제 휴대폰을 도둑 맞았어요.
My _____ was stolen.

영어를 찾아라! 거리 🎧 24-5

Road 도로, 길

road[로우드]는 '도로, 길'을 의미하며 지도나 표지판에서는 줄여서 Rd로 표기하기도 합니다. 마찬가지로 거리 이름을 나타낼 때 쓰는 Street(거리)은 St, Avenue(길)는 Av, Boulevard(대로, 가로수길)는 Blvd로 줄여서 표기합니다.

Restroom 화장실

화장실은 미국에서는 주로 restroom[레스트룸]이라고 쓰지만, 영국에서는 흔히 toilet[토일릿]이라고 표시합니다. 호주나 영국에서는 loo[루]라고 표현하는 곳도 있습니다. 남자 화장실은 Men[멘], 여자 화장실은 Women[위민]으로 표시하지요.

Keep off 출입 금지

keep off[킵 오프]는 '~로부터 떨어져 있다'라는 의미인데, '출입 금지'라는 뜻입니다. keep off the grass(잔디밭 출입 금지)도 거리에서 많이 볼 수 있는 표지판이지요. keep out[킵 아웃]도 마찬가지로 '출입 금지'란 뜻이에요.

Danger 위험

danger[데인절]은 '위험'이란 뜻으로, 경고 표지판에서 많이 볼 수 있는 단어입니다. 이와 비슷하게 경고판에서 볼 수 있는 표현에는 Caution[코션: 주의], Warning[워닝: 경고]이 있습니다.

No access 접근 불가

access[액쎄쓰]는 '접근'이라는 의미인데, 앞에 no가 붙어 있으면 접근해서는 안 된다는 의미입니다. 참고로, no와 access의 중간에 pedestrian[퍼데스트리언: 보행자]이 들어간 No pedestrian access라는 표지판은 '보행 불가'라는 의미입니다.

Do not litter 쓰레기를 버리지 마시오

Do not ~은 '~하지 마시오'란 뜻으로, 금지 표지판에서 많이 볼 수 있는 표현입니다. litter은 '쓰레기를 버리다'란 뜻으로, Do not litter[두 낫 리털]은 '쓰레기를 버리지 마시오'라는 의미가 됩니다. No littering(쓰레기 투기 금지)이라고도 씁니다.

Dead end 막다른 길

dead는 '죽은'이란 뜻도 있지만 '막다른'이라는 뜻도 있습니다. end는 '끝'을 뜻합니다. 그래서 dead end[데드 엔드]는 도로나 통로 등의 한쪽 끝이 막힌 '막다른 길'을 뜻하는 말이에요. No outlet(출구 없음)도 같은 뜻으로 많이 쓰는 표지판입니다.

One way 일방통행

way에는 '방향'이라는 뜻이 있습니다. 그래서 one way[원 웨이]는 한쪽 방향으로만 가야 하는 '일방통행'을 의미합니다. 도로에서 많이 볼 수 있는 표지판이지요.

생생 여행정보
위급할 때 필요한 영어

여행을 하다 보면
위급한 상황이 발생할 때도 있습니다.
우리나라의 119와 같은 응급 전화번호와
의약품 및 병 증상을 나타내는
단어를 알아 봅시다.

각 나라의 응급 전화번호

119 한국, 일본, 중국
한국과 마찬가지로 일본과 중국에서도 119를 응급 전화번호로 씁니다.

112 유럽 국가
이탈리아, 스페인, 프랑스, 독일, 벨기에, 폴란드, 포르투갈, 체코, 네덜란드, 덴마크, 크로아티아 등 유럽 대부분의 국가에서 통용됩니다.

911 미국, 캐나다, 멕시코
999 영국, 카타르, 말레이시아, 홍콩
000 호주
111 뉴질랜드
117 필리핀, 캄보디아
115 베트남
1669 태국

의약품

pill 필   알약
aspirin 애스피린   아스피린
painkiller 페인킬럴   진통제
fever reducer 피벌 리듀설   해열제
digestive medicine 디제스티브 메더씬
소화제
anti-diarrheal 안티 다이어리얼
지사제
cough syrup 코프 씨럽   기침약 시럽
Band-Aid 밴데이드   일회용 반창고
bandage 밴디쥐   붕대
thermometer 썰마머털   체온계

병 증상

fever 피벌   열
cold 코울드   감기
headache 헤드에익   두통
stomachache 스터먹에익   복통
backache 백에익   요통
toothache 투쓰에익   치통
earache 이얼에익   귀 통증
cough 코프   기침
runny nose 러니 노우즈   콧물
stuffy nose 스터피 노우즈   코 막힘
sore throat 쏘얼 쓰로트   목 통증
diarrhea 다이어리어   설사
allergy 앨럴쥐   알레르기
indigestion 인디줴스천   소화불량

귀국할 때

25 탑승수속

25 탑승수속

○ 다음 대화를 듣고 따라 말해 보세요. 🎧 25-1

대화 A

직원: **Can I see your** passport?
캔   아이 씨 유얼   패스폴트

진수: Here you are.
히얼 유 알

대화 B

수지: **Can I have** a window seat?
캔   아이 해브 어 윈도우   씻

직원: I'm sorry, but they are all taken.
아임 쏘리 벗 데이 알 올 테이큰

패턴 49 **Can I see your +** 물건 **?** ~를 볼 수 있을까요?

상대방의 소지품을 확인하고 싶을 때 묻는 말로, 공항에서 직원이나 승무원에게 수시로 들을 수 있는 표현입니다. 여기서 동사 see는 '보다'라는 의미로 썼어요. 'Can I + 동사?'는 '~할 수 있을까요?'하고 뭔가를 부탁할 때 쓰는데, 좀 더 정중하게 표현할 때는 'May I + 동사?'로 물어볼 수도 있습니다.

패턴 49 여권 좀 볼 수 있을까요?
패턴 50 창가석에 앉을 수 있을까요?

○ 모든 여행을 마치고 마침내 한국에 돌아갈 날이 되었습니다.
귀국 비행기에 오르기 전, 공항에서 탑승수속할 때 쓰는 표현을 익혀 봅시다.

대화 A

직원: 여권 좀 볼 수 있을까요?

진수: 여기 있습니다.

대화 B

수지: 창가석에 앉을 수 있을까요?

직원: 죄송하지만 창가석은 모두 찼습니다.

새로 나온 단어

see [씨] 보다
passport [패스폴트] 여권
window [윈도우] 창문
seat [씻] 좌석
all [올] 모두
taken [테이큰] (자리에) 앉은

동사 take에는 '(자리에) 앉다'라는 뜻이 있습니다. 그래서 과거분사인 taken은 '(자리에) 앉은'이란 뜻이 되지요.

패턴 50 **Can I have +** 좌석 종류 **?** ~에 앉을 수 있을까요?

탑승수속을 할 때, 특정한 좌석에 앉을 수 있는지 물어보고 싶다면 Can I have ~?를 활용하세요. 직역하면 '제가 ~를 가질 수 있나요?'라는 뜻인데요, 뒤에 원하는 비행기 좌석의 종류를 넣으면 '~에 앉을 수 있을까요?'라고 물어볼 수 있지요. 주어를 I 대신 we로 바꿔서 Can we have two seats together?(붙어 있는 두 좌석에 앉을 수 있어요?)처럼 물어볼 수도 있습니다.

| 패턴 49 연습하기 | **~를 볼 수 있을까요?** |

○ 빈칸에 단어를 넣어 말해 보세요. 🎧 25-2

Can I see your ⬚?
⬚를 볼 수 있을까요?

boarding pass[1]
보딩 패쓰
탑승권

customs form
커스텀즈 폼
세관 신고서

driver's license[2]
드라이벌즈 라이쎈스
운전면허증

ticket
티킷
표

1 boarding pass boarding은 '(비행기, 버스 등의) 탑승', pass는 '통행증, 탑승권'이란 뜻입니다. boarding pass는 비행기에 탈 수 있는 '탑승권'인데, 탑승 수속할 때 항공권과 여권을 보여주고 탑승권을 발급받을 수 있어요.

2 driver's license driver은 '운전자', license는 '면허증'이란 뜻으로 driver's license는 '운전면허증'을 뜻합니다. 한편 외국에서 이용 가능한 '국제 운전면허증'은 international driver's license라고 합니다.

패턴 50 연습하기 ~에 앉을 수 있을까요?

○ 빈칸에 단어를 넣어 말해 보세요. 🎧 25-3

Can I have ☐?
☐에 앉을 수 있을까요?

an aisle seat
언 아일 씻
통로석

an exit-row seat[1]
언 엑씻 로우 씻
출구 쪽 좌석

a first-row seat
어 펄스트 로우 씻
맨 앞 좌석

a seat next to my friend
어 씻 넥쓰투 마이 프렌드
내 친구 옆 좌석

---

1 an exit-row seat row는 '(좌석의) 줄'을 뜻하는 단어입니다. 비행기 중간중간에는 비상착륙시에 이용하는 비상 출구(exit)가 있는데, exit-row seat은 이런 비상 출구가 있는 줄의 좌석, 즉 '비상구 쪽 좌석'을 의미합니다. 이 좌석은 공간이 넓어 편하지만, 비상시에는 승무원을 도와야 하므로 신체가 건강하고 영어에 능통한 사람이 주로 배정받을 수 있습니다.

대화하기 이제 비행기 타고 집으로!

🎧 다음 대화를 듣고 따라 말해 보세요. 25-4

여행의 마지막 날, 공항에 도착한 진수가 탑승수속을 하러 항공사 카운터에 왔습니다.

진수 **I'd like to check in.**
아이드 라익 투 **첵** 인

check in 탑승수속 하다

직원 **Can I see your passport?**
캔 아이 씨 유얼 패스폴트

진수 **Here it is.**
히얼 잇 이즈

직원 **Would you like a window seat or an aisle seat?**
우드 유 라익 어 윈도우 씻 오얼 언 아일 씻

진수 **Can I have a window seat?**
캔 아이 해브 어 윈도우 씻

직원 **Yes. How many bags will you be checking?**
예쓰 하우 매니 백스 윌 유 비 **첵킹**

진수 **Two.**
투

직원 **Put your bags on the scale one at a time, please.**
풋 유얼 백스 온 더 스케일 원 앳 어 타임 플리즈

scale 저울

진수	탑승수속을 하고 싶습니다.
직원	**여권 좀 볼 수 있을까요?**
진수	여기 있습니다.
직원	창가석과 통로석 중에 어떤 걸 원하세요?
진수	**창가석에 앉을 수 있을까요?**
직원	네. 가방은 몇 개 부치실 건가요?
진수	두 개요.
직원	가방을 한 번에 하나씩 저울에 올려 주세요.

확인하기 25 탑승수속

정답 223쪽

A 빈칸에 들어갈 알맞은 단어를 [보기]에서 골라 쓰세요.

> 보기   see   taken   window   passport

① 창가석에 앉을 수 있을까요?
Can I have a _____ seat?

② 죄송하지만 창가석은 모두 찼습니다.
I'm sorry, but they are all _____.

③ 여권 좀 볼 수 있을까요?
Can I _____ your _____?

B 보기에서 알맞은 표현을 찾아 다음 문장을 완성하세요.

> 보기   boarding pass   driver's license
> an aisle seat   an exit-row seat

① 운전면허증을 볼 수 있을까요?
Can I see your _____?

② 탑승권을 볼 수 있을까요?
Can I see your _____?

③ 통로석에 앉을 수 있을까요?
Can I have _____?

④ 출구 쪽 좌석에 앉을 수 있을까요?
Can I have _____?

영어를 찾아라! **귀국(공항 출발)** 25-5

International departures
국제선 출발

공항에 따라 국내선과 국제선 출발 장소가 다른 경우가 있습니다. domestic은 '국내의'란 뜻이고 international은 '국제의'라는 의미이므로 '국제선 출발'이란 뜻의 International departures[인터네셔널 디팔철즈]를 따라 이동합니다.

Terminal 터미널

terminal[털미늘]은 비행기를 타고 내리는 건물을 의미합니다. 규모가 큰 공항은 항공사별로 다른 터미널을 사용하는 경우도 있으므로, 미리 내가 탈 비행기의 터미널 번호를 확인한 후 이동하는 것이 좋습니다.

Check in 탑승수속

공항에서 check in[췍 인]은 '탑승수속'을 의미합니다. 해당 항공사의 체크인 카운터에서 여권과 탑승 서류를 보여준 뒤, 탑승권을 발급 받고 짐을 부치면 됩니다. 요즘에는 승객이 직접 기계에서 탑승권을 발권하고 짐을 부칠 수도 있습니다.

Security check 보안 검사

security는 '보안, 안전'이란 뜻이고, check은 '검사, 확인'이라는 뜻입니다. security check[시큐리티 췍]은 엑스레이를 통해 짐을 검사하는 '보안 검사'를 말합니다. 나라에 따라 쇼핑몰이나 호텔 출입 시에도 보안 검사를 하는 곳이 있습니다.

Gate 탑승구

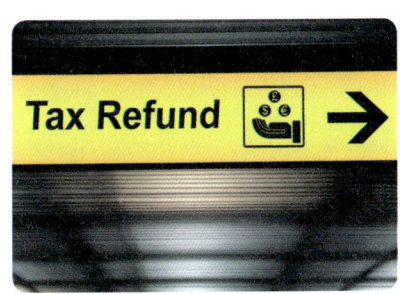

gate[게잇]은 '문, 출입구'를 의미하는데 공항에서는 '탑승구'를 뜻하는 말입니다. 비행기 탑승권에 나와 있는 gate 번호를 확인한 후 해당 구역에서 대기했다가 승차하면 됩니다.

Tax refund 세금 환급

tax는 '세금', refund는 '환불'을 뜻합니다. 공항의 tax refund[텍스 리펀드]는 외국인이 여행에서 구입한 물품을 현지에서 사용하지 않고 자국으로 가지고 간다는 조건으로, 여행 중에 구입한 물품에 붙은 부가가치세를 환급해 주는 곳이에요.

Duty-free 면세의, 면세품

duty는 '세금', free는 '자유의, ~가 없는'의 뜻으로, duty-free[듀티 프리]는 '면세의'란 뜻도 있고 세금이 면제되는 '면세품'을 뜻하기도 합니다. '면세점'은 duty-free shop이라고 하는데, 보안 검사를 끝내고 공항 안쪽으로 들어가면 이용 가능합니다.

Delayed 지연된

공항 전광판을 보면 항공편의 출발 시간을 확인할 수 있습니다. Delayed(지연된)는 해당 비행기가 연착되었다는 의미이며, On time(제시간에)은 비행기가 예정된 시간에 출발할 것이라는 의미입니다.

생생 여행정보
탑승권 들여다보기

공항에서 탑승권을 받으면 항목이 전부 영어로 되어 있어서 당황하기 쉽습니다. 항공사마다 조금씩 형태는 다르지만, 아래 표현만 알아둬도 걱정할 필요 없습니다.

Name 이름
탑승권에 써 있는 이름은 여권의 영문 이름과 반드시 동일해야 합니다. 다를 경우, 탑승이 거부될 수도 있으니 미리 확인해 두세요.

From / To ~로부터 / ~까지
from은 출발 장소, to는 목적지를 말합니다. CHICAGO(시카고), LONDON(런던)처럼 도시 이름이 써 있는 경우도 있지만, 공항의 세 자리 영문약자로 표시할 때도 있습니다. 예를 들어, 인천국제공항(Incheon International Airport)은 ICN, 뉴욕의 존 에프 케네디 공항(John F. Kennedy International Airport)은 JFK라고 표시합니다.

Flight 항공편명
항공편명은 각 항공사의 코드와 숫자로 이루어져 있습니다. 예를 들어, 대한항공의 코드는 KE 또는 KAL이며, 아시아나 항공의 코드는 OZ 또는 AAR입니다. 이 뒤에 숫자를 붙여서 KE 235, OZ 142처럼 항공편명을 나타냅니다.

Class 등급
탑승권에 따라 economy(이코노미), business(비즈니스), first(퍼스트) 같은 기내 좌석 등급이 명시되어 있는 경우도 있습니다.

Seat 좌석
좌석 번호는 영문 알파벳 기호와 숫자의 조합으로 이루어져 있습니다. 탑승권에 써 있는 Seat 항목을 보고 기내에서 내가 앉을 좌석을 찾아갈 수 있습니다.

Boarding time 탑승 시간
비행기 탑승 시간은 출발 시간보다 20~30분 정도 빠릅니다. 탑승 시간을 보고 늦지 않게 해당되는 탑승구로 찾아가야 합니다.

Gate 탑승구
탑승권에 써 있는 탑승구는 경우에 따라 변경되기도 합니다. 따라서 전광판을 보고 변경사항이 있는지 수시로 확인하는 것이 좋습니다.

확인하기
정답

01 기내식   31쪽

A   ① `Would` you like something to `drink`?
     ② Chicken `or` beef?
     ③ Beef, `please`.

B   ① Would you like `some water`?
     ② Would you like `a glass of wine`?
     ③ `Coke`, please.
     ④ `Fish`, please.

02 기내 서비스   37쪽

A   ① Can I `get` a blanket?
     ② `Sure`.
     ③ `Could` you take my `tray`?

B   ① Can I get `a newspaper`?
     ② Can I get `headphones`?
     ③ Could you `wake me for meals`?
     ④ Could you `switch seats with me`?

03 입국심사   47쪽

A   ① I'm here for `sightseeing`.
     ② I `plan` to `stay` for ten days.
     ③ What is the `purpose` of your visit?

B   ① I'm here to visit my friend .

     ② I'm here on vacation .

     ③ I plan to stay for a week .

     ④ I plan to stay for about ten days .

04 수하물 찾기

A   ① What's your flight number ?

     ② Do you have your baggage claim ticket?

     ③ Here you are.

B   ① What's your name ?

     ② What's your home address ?

     ③ Do you have any liquids ?

     ④ Do you have anything to declare ?

05 버스

A   ① Which bus goes to Times Square?

     ② Does this bus go to Times Square?

     ③ You should take the number 10 bus.

B   ① Which bus goes to Victoria Station ?

     ② Which bus goes to the baseball stadium ?

     ③ Does this bus go to Fifth Avenue ?

     ④ Does this bus go to City Hall ?

06 택시　　69쪽

A　① How `long` does it take to `get` to the hotel?

　　② Could you `take` me to the Sun Hotel?

　　③ It takes about 30 `minutes` .

B　① Could you take me to `this address` ?

　　② Could you take me to `Tower Bridge` ?

　　③ How long does it take to get to the `airport` ?

　　④ How long does it take to get to the `beach` ?

07 지하철　　75쪽

A　① Do you `know` where the `ticket` office is?

　　② I need a one-day `pass` .

　　③ It's `downstairs` .

B　① Do you know where `the elavator` is?

　　② Do you know where `the ticket machine` is?

　　③ I need a `one-way ticket` .

　　④ I need a `subway map` .

08 호텔 체크인　　85쪽

A　① I'd `like` to check in.

　　② What `kind` of room would you like?

　　③ I'd like a room `with` a `single` bed.

216

B　① I'd like to change my room .

　　② I'd like to order room service .

　　③ I'd like a room with a double bed .

　　④ I'd like a room with an ocean view .

09 호텔 이용　　91쪽

A　① Where is the restaurant ?

　　② It's located on the third floor .

　　③ Is there room service?

B　① Where is the convenience store ?

　　② Where is the swimming pool ?

　　③ Is there free WiFi ?

　　④ Is there laundry service ?

10 호텔 문제 해결　　97쪽

A　① The air conditioner doesn't work .

　　② There is no toilet paper .

　　③ Oh, I'm sorry for any inconvenience.

B　① The telephone doesn't work.

　　② The heater doesn't work.

　　③ There is no towel .

　　④ There is no razor .

11 호텔 체크아웃 103쪽

A ① How would you like to pay ?

② Is it possible to pay by credit card?

③ I'm sorry for the error .

B ① I'm sorry for the delay .

② I'm sorry for calling so early .

③ Is it possible to check out late ?

④ Is it possible to leave my luggage here ?

12 식당 예약 113쪽

A ① I'd like to book a table for tonight.

② I'm sorry, but we are fully booked.

③ Could we have a table by the window ?

B ① I'd like to book a table for this Friday .

② I'd like to book a table for tomorrow night .

③ Could we have a table for two ?

④ Could we have a table in the corner ?

13 음식 주문 119쪽

A ① Does it come with a salad?

② What do you recommend for a main dish ?

③ The fish and chips are very good here.

B   ① Does it come with bread ?

② Does it come with rice ?

③ What do you recommend for dessert ?

④ What do you recommend for dressing ?

14 식당 불만사항

A   ① This is too salty .

② I didn't order a salad .

③ I'll bring you what you ordered.

B   ① I didn't order spaghetti .

② I didn't order ice cream .

③ This is too tough .

④ This is too cold .

15 패스트푸드점

A   ① May I take your order ?

② I'd like a cheeseburger.

③ No ice , please.

B   ① I'd like a hot dog .

② I'd like French fries .

③ No onions , please.

④ No ketchup , please.

16 커피숍   137쪽

A ① What can I get you?
   ② I'll have a latte.
   ③ Can you give me a sleeve ?

B ① I'll have an espresso .
   ② I'll have a cappuccino .
   ③ Can you give me a straw ?
   ④ Can you give me some sugar ?

17 옷 쇼핑   149쪽

A ① I'm looking for a jacket .
   ② Do you have this in a bigger size?
   ③ Here is a Large .

B ① I'm looking for a vest .
   ② I'm looking for jeans .
   ③ Do you have this in black .
   ④ Do you have this in a Medium .

18 가격 흥정   155쪽

A ① How much is this watch ?
   ② It's 20 dollars .
   ③ Are these watches on sale ?

B ① How much is this tie ?

　　② How much are these shoes ?

　　③ Are these socks on sale?

　　④ Are these earrings on sale?

19 교환과 환불　　161쪽

A ① Can I exchange this for a bigger size?

　　② I'd like to get a refund on this skirt .

　　③ I'm sorry, but you can only exchange it.

B ① Can I exchange this for a different size ?

　　② Can I exchange this for a blue one ?

　　③ I'd like to get a refund on this hat .

　　④ I'd like to get a refund on these pants .

20 관광안내소　　171쪽

A ① Can you recommend an interesting museum ?

　　② Are there any tours ?

　　③ Here are some brochures .

B ① Can you recommend a famous restaurant ?

　　② Can you recommend a nice hotel ?

　　③ Are there any local festivals ?

　　④ Are there any city tours ?

21 공연장 177쪽

A
① One `ticket` for *Cats*, please.
② What `time` does the show `start`?
③ At 2 `o'clock`.

B
① One ticket for `Jekyll and Hyde`, please.
② One ticket for `The Lion King`, please.
③ What time does the `musical` start?
④ What time does the `concert` start?

22 박물관 183쪽

A
① What `time` does the museum `close` today?
② Where can I get a `map` of the museum?
③ You can get one at the `front` desk.

B
① What time does the `art museum` close today?
② What time does the `zoo` close today?
③ Where can I `buy a ticket`?
④ Where can I `get a brochure`?

23 길 찾기 193쪽

A
① How can I `get` to Central Park?
② Where is the `nearest` bus stop?
③ Go `straight` and turn left at the `corner`.

B ① How can I get to the Korean embassy ?
   ② How can I get to Liberty Island ?
   ③ Where is the nearest department store ?
   ④ Where is the nearest subway station ?

24 도난 신고   199쪽

A ① Is there a police station around here?
   ② Yes. There's one across the street.
   ③ My bag was stolen .

B ① Is there a bank around here?
   ② Is there a hospital around here?
   ③ My wallet was stolen.
   ④ My cellphone was stolen.

25 탑승수속   209쪽

A ① Can I have a window seat?
   ② I'm sorry, but they are all taken .
   ③ Can I see your passport ?

B ① Can I see your driver's license ?
   ② Can I see your boarding pass ?
   ③ Can I have an aisle seat ?
   ④ Can I have an exit-row seat ?

셋째 마당
더 알아두기

여행이 쉬워지는
패턴문장 트레이닝

앞에서 배운 패턴과 문장을 한눈에 보기 쉽게 정리했습니다. 말하기 연습을 할 수 있게 '한국어 해석 + 영어문장'을 함께 녹음했으니, 한국어를 먼저 듣고 영어로 말하는 훈련을 해 보세요. 반복해서 듣고 따라 읽으면 해외여행 가서도 영어가 술술 나옵니다.

MP3로 들으세요

패턴 01 Would you like _____?
🎧 26-01 ~를 드릴까요?   26쪽

Would you like something to drink? 마실 것 좀 드릴까요?

Would you like chicken or beef? 닭고기와 소고기 중 뭘 드릴까요?

Would you like a glass of wine? 와인 한 잔 드릴까요?

Would you like some peanuts? 땅콩 좀 드릴까요?

Would you like some water? 물 좀 드릴까요?

패턴 02 _____, please.
🎧 26-02 ~를 주세요.   27쪽

Beef, **please**. 소고기 주세요.

Chicken, **please**. 닭고기 주세요.

Fish, **please**. 생선 주세요.

Orange juice, **please**. 오렌지 주스 주세요.

Coke, **please**. 콜라 주세요.

Coffee, **please**. 커피 주세요.

A beer, **please**. 맥주 한 잔 주세요.

> **패턴 03**  26-03
> # Can I get _____?
> ~를 주시겠어요?
> 32쪽

Can I get a blanket? 담요를 주시겠어요?

Can I get a newspaper? 신문을 주시겠어요?

Can I get a pen? 펜을 주시겠어요?

Can I get a pillow? 베개를 주시겠어요?

Can I get a sleeping mask? 수면안대를 주시겠어요?

Can I get earplugs? 귀마개를 주시겠어요?

Can I get headphones? 헤드폰을 주시겠어요?

> **패턴 04** 26-04
> # Could you _____?
> ~해 주시겠어요?
> 33쪽

Could you take my tray? 쟁반 좀 치워 주시겠어요?

Could you help me? 절 도와주시겠어요?

Could you wake me for meals? 식사 때 깨워 주시겠어요?

Could you move your seat up? 좌석을 세워 주시겠어요?

Could you switch seats with me? 나와 자리를 바꿔 주시겠어요?

패턴 05 · 26-05 · I'm here _____.
여기 ~하러 왔어요. 42쪽

I'm here for sightseeing. 여기 관광하러 왔어요.

I'm here on vacation. 여기 휴가로 왔어요.

I'm here on business. 여기 출장으로 왔어요.

I'm here to visit my friend. 여기 친구를 만나러 왔어요.

I'm here to study English. 여기 영어를 공부하러 왔어요.

패턴 06 · 26-06 · I plan to stay for _____.
~동안 머물 계획이에요. 43쪽

I plan to stay for ten days. 열흘 동안 머물 계획이에요.

I plan to stay for three days. 사흘 동안 머물 계획이에요.

I plan to stay for a week. 일주일 동안 머물 계획이에요.

I plan to stay for two weeks. 2주 동안 머물 계획이에요.

I plan to stay for a month. 한 달 동안 머물 계획이에요.

I plan to stay for two months. 두 달 동안 머물 계획이에요.

I plan to stay for about ten days. 열흘 정도 머물 계획이에요.

패턴 07 — What's your _____?

🎧 26-07 당신의 ~는 무엇인가요? 48쪽

What's your flight number? 항공편 번호가 무엇입니까?

What's your name? 당신의 이름은 무엇인가요?

What's your home address? 집 주소가 어떻게 되시나요?

What's your nationality? 당신의 국적은 무엇인가요?

What's your phone number? 전화번호가 몇 번인가요?

What's your seat number? 좌석 번호는 몇 번입니까?

What's your final destination? 당신의 최종 목적지는 어디입니까?

패턴 08 — Do you have _____?

🎧 26-08 ~를 갖고 계세요? 49쪽

Do you have your baggage claim ticket? 수하물 찾는 표 갖고 계세요?

Do you have any liquids? 액체류를 갖고 계세요?

Do you have any sharp objects? 날카로운 물건을 갖고 계세요?

Do you have any carry-on bags? 기내용 가방을 갖고 계세요?

Do you have anything to declare? 세관 신고할 게 있으세요?

패턴 09  Which bus goes to _____?
🎧 26-09 어떤 버스가 ~에 가나요?   58쪽

Which bus goes to Times Square? 어떤 버스가 타임스 스퀘어에 가나요?

Which bus goes to the concert hall? 어떤 버스가 연주회장에 가나요?

Which bus goes to the baseball stadium? 어떤 버스가 야구장에 가나요?

Which bus goes to the British Museum? 어떤 버스가 대영 박물관에 가나요?

Which bus goes to Victoria Station? 어떤 버스가 빅토리아 역에 가나요?

패턴 10 Does this bus go to _____?
🎧 26-10 이 버스 ~에 가나요?   59쪽

Does this bus go to Times Square? 이 버스 타임스 스퀘어에 가나요?

Does this bus go to Wall Street? 이 버스 월가에 가나요?

Does this bus go to Fifth Avenue? 이 버스 5번가에 가나요?

Does this bus go to City Hall? 이 버스 시청에 가나요?

Does this bus go to Chicago? 이 버스 시카고에 가나요?

Does this bus go to Manly Beach? 이 버스 만리 해변에 가나요?

Does this bus go to Chinatown? 이 버스 차이나타운에 가나요?

패턴 11 Could you take me to _____?
🎧 26-11 ~로 가 주시겠어요? 64쪽

Could you take me to the Sun Hotel? 썬 호텔로 가 주시겠어요?

Could you take me to this address? 이 주소로 가 주시겠어요?

Could you take me to Sydney Tower? 시드니 타워로 가 주시겠어요?

Could you take me to the GE Building? GE 빌딩으로 가 주시겠어요?

Could you take me to Tower Bridge? 타워 브리지로 가 주시겠어요?

패턴 12 How long does it take to get to _____?
🎧 26-12 ~에 도착하는 데 얼마나 걸리나요? 65쪽

How long does it take to get to the hotel?
호텔에 도착하는 데 얼마나 걸리나요?

How long does it take to get to the airport?
공항에 도착하는 데 얼마나 걸리나요?

How long does it take to get to the bus station?
버스 터미널에 도착하는 데 얼마나 걸리나요?

How long does it take to get to the university?
대학교에 도착하는 데 얼마나 걸리나요?

How long does it take to get to the beach?
해변에 도착하는 데 얼마나 걸리나요?

How long does it take to get to the mall?
쇼핑몰에 도착하는 데 얼마나 걸리나요?

How long does it take to get to the city center?
시내 중심부에 도착하는 데 얼마나 걸리나요?

> **패턴 13**
> 🎧 26-13
> # Do you know where _____ is?
> ~가 어디 있는지 아세요?   70쪽

Do you know where the ticket office **is**?
매표소가 어디 있는지 아세요?

Do you know where the ticket machine **is**?
승차권 자동판매기가 어디 있는지 아세요?

Do you know where Platform 1 **is**?
1번 승강장이 어디 있는지 아세요?

Do you know where the elevator **is**?
엘리베이터가 어디 있는지 아세요?

Do you know where the luggage locker area **is**?
수하물 보관함 구역이 어디 있는지 아세요?

> **패턴 14**
> 🎧 26-14
> # I need _____.
> ~가 필요합니다.   71쪽

I need a one-day pass. 일일 승차권이 필요합니다.

I need a one-way ticket. 편도표가 필요합니다.

I need a round-trip ticket. 왕복표가 필요합니다.

I need a subway map. 지하철 지도가 필요합니다.

I need a MetroCard. 메트로카드가 필요합니다.

패턴 15   I'd like to _____.

 26-15   ~하고 싶습니다.   80쪽

I'd like to check in.   체크인하고 싶습니다.

I'd like to order room service.   룸서비스를 주문하고 싶습니다.

I'd like to get laundry service.   세탁 서비스를 이용하고 싶습니다.

I'd like to change my room.   방을 바꾸고 싶습니다.

I'd like to make a reservation.   예약을 하고 싶습니다.

패턴 16   I'd like a room with _____.

26-16   ~가 있는 방을 원합니다.   81쪽

I'd like a room with a single bed.   1인용 침대가 있는 방을 원합니다.

I'd like a room with a double bed.   2인용 침대가 있는 방을 원합니다.

I'd like a room with twin beds.   1인용 침대가 두 개 있는 방을 원합니다.

I'd like a room with an ocean view.   바다 전망이 있는 방을 원합니다.

I'd like a room with a balcony.   발코니가 있는 방을 원합니다.

패턴 17 **Where is _____?**

🎧 26-17   ~는 어디에 있습니까?   86쪽

Where is the restaurant? 식당은 어디에 있습니까?

Where is the front desk? 프런트는 어디에 있습니까?

Where is the lobby? 로비는 어디에 있습니까?

Where is the sauna? 사우나는 어디에 있습니까?

Where is the fitness center? 헬스클럽은 어디에 있습니까?

Where is the convenience store? 편의점은 어디에 있습니까?

Where is the swimming pool? 수영장은 어디에 있습니까?

패턴 18   **Is there _____?**

🎧 26-18   ~가 있습니까?   87쪽

Is there room service? 룸서비스가 있나요?

Is there laundry service? 세탁 서비스가 있나요?

Is there valet parking? 대리 주차가 있나요?

Is there a wake-up call service? 모닝콜 서비스가 있나요?

Is there free WiFi? 무료 와이파이가 있나요?

패턴 19 _____ doesn't work.
~가 고장 났습니다. 92쪽

The air conditioner **doesn't work**. 에어컨이 고장 났어요.

The heater **doesn't work**. 난방기가 고장 났어요.

The shower **doesn't work**. 샤워기가 고장 났어요.

The remote control **doesn't work**. 리모컨이 고장 났어요.

The lamp **doesn't work**. 전등이 고장 났어요.

The telephone **doesn't work**. 전화기가 고장 났어요.

The fridge **doesn't work**. 냉장고가 고장 났어요.

패턴 20 There is no _____.
~가 없습니다. 93쪽

There is no toilet paper. 화장지가 없습니다.

There is no towel. 수건이 없습니다.

There is no shampoo. 샴푸가 없습니다.

There is no soap. 비누가 없습니다.

There is no toothbrush. 칫솔이 없습니다.

There is no hairdryer. 헤어드라이어가 없습니다.

There is no razor. 면도기가 없습니다.

> **패턴 21** **I'm sorry for _____.**
> 26-21 ~에 대해 죄송합니다.   98쪽

I'm sorry for the error. 실수해서 죄송합니다.

I'm sorry for the mistake. 실수해서 죄송합니다.

I'm sorry for the delay. 지연되어서 죄송합니다.

I'm sorry for calling so early. 너무 일찍 전화해서 죄송합니다.

I'm sorry for being late. 늦어서 죄송합니다.

> **패턴 22** **Is it possible to _____?**
> 26-22 ~하는 것이 가능합니까?   99쪽

Is it possible to pay by credit card?
신용카드로 계산하는 게 가능한가요?

Is it possible to check out late?
늦게 체크아웃하는 게 가능한가요?

Is it possible to leave my luggage here?
여기에 짐을 맡기는 게 가능한가요?

Is it possible to stay one more night?
하루 더 묵는 게 가능한가요?

Is it possible to leave a day earlier?
하루 빨리 떠나는 게 가능한가요?

> **패턴 23**
> 26-23
> # I'd like to book a table for _____.
> ~에 자리를 예약하고 싶어요.
> 108쪽

I'd like to book a table for tonight.   오늘 밤에 예약하고 싶습니다.

I'd like to book a table for 11 a.m.   오전11시에 예약하고 싶습니다.

I'd like to book a table for 7 p.m.   저녁 7시에 예약하고 싶습니다.

I'd like to book a table for 6 o'clock.   정각 6시에 예약하고 싶습니다.

I'd like to book a table for tomorrow night.   내일 저녁에 예약하고 싶습니다.

I'd like to book a table for Sunday lunch.   일요일 점심식사를 예약하고 싶습니다.

I'd like to book a table for this Friday.   이번 주 금요일에 예약하고 싶습니다.

> **패턴 24**
> 26-24
> # Could we have a table _____?
> ~한 테이블에 앉을 수 있을까요?
> 109쪽

Could we have a table by the window?
창가 쪽 테이블에 앉을 수 있을까요?

Could we have a table for two?
2인용 테이블에 앉을 수 있을까요?

Could we have a table on the terrace?
테라스에 있는 테이블에 앉을 수 있을까요?

Could we have a table in the non-smoking area?
금연석에 있는 테이블에 앉을 수 있을까요?

Could we have a table in the corner?
구석에 있는 테이블에 앉을 수 있을까요?

패턴 25 | Does it come with _____?
26-25   그거 ~와 함께 나오나요?   114쪽

Does it come with a salad?   그거 샐러드와 함께 나오나요?

Does it come with a drink?   그거 음료와 함께 나오나요?

Does it come with rice?   그거 밥과 함께 나오나요?

Does it come with soup?   그거 수프와 함께 나오나요?

Does it come with bread?   그거 빵과 함께 나오나요?

Does it come with pickles?   그거 피클과 함께 나오나요?

Does it come with vegetables?   그거 야채와 함께 나오나요?

패턴 26 | What do you recommend for _____?
26-26   ~로 뭘 추천하시나요?   115쪽

What do you recommend for a main dish?   주요리로 뭘 추천하시겠어요?

What do you recommend for an appetizer?   애피타이저로 뭘 추천하시겠어요?

What do you recommend for a side dish?   곁들이는 요리로 뭘 추천하시겠어요?

What do you recommend for dessert?   후식으로 뭘 추천하시겠어요?

What do you recommend for dressing?   드레싱으로 뭘 추천하시겠어요?

What do you recommend for wine?   와인으로 뭘 추천하시겠어요?

What do you recommend for a fish dish?   생선 요리로 뭘 추천하시겠어요?

패턴 27 — This is too _____.

26-27 이거 너무 ~해요. 120쪽

This is too salty. 이거 너무 짜요.

This is too spicy. 이거 너무 매워요.

This is too sour. 이거 너무 셔요.

This is too cold. 이거 너무 식었어요.

This is too tough. 이거 고기가 너무 질겨요.

This is too pink. 이거 고기가 너무 덜 익었어요.

This is too bitter. 이거 너무 써요.

패턴 28 — I didn't order _____.

26-28 전 ~를 주문하지 않았어요. 121쪽

I didn't order a salad. 전 샐러드를 주문하지 않았어요.

I didn't order spaghetti. 전 스파게티를 주문하지 않았어요.

I didn't order tomato soup. 전 토마토 수프를 주문하지 않았어요.

I didn't order a steak. 전 스테이크를 주문하지 않았어요.

I didn't order roast beef. 전 소고기 구이를 주문하지 않았어요.

I didn't order ice cream. 전 아이스크림을 주문하지 않았어요.

I didn't order a stew. 전 스튜를 주문하지 않았어요.

패턴 29 I'd like _____.
🎧 26-29 ~를 주세요.   126쪽

I'd like a cheeseburger. 치즈버거 주세요.

I'd like a number 3. 3번 세트 주세요.

I'd like a chicken burger. 닭고기 버거 주세요.

I'd like a hot dog. 핫도그 주세요.

I'd like a Whopper. 와퍼 주세요.

I'd like French fries. 감자튀김 주세요.

I'd like a biscuit. 비스킷 주세요.

패턴 30 No _____, please.
🎧 26-30 ~를 빼 주세요.   127쪽

No ice, **please**. 얼음은 빼 주세요.

No ketchup, **please**. 케첩은 빼 주세요.

No mayo, **please**. 마요네즈는 빼 주세요.

No syrup, **please**. 시럽은 빼 주세요.

No whipped cream, **please**. 생크림은 빼 주세요.

No onions, **please**. 양파는 빼 주세요.

No cucumber, **please**. 오이는 빼 주세요.

패턴 31 I'll have _____.
🎧 26-31 ~로 하겠습니다.   132쪽

I'll have a latte. 라떼로 할게요.

I'll have an espresso. 에스프레소로 할게요.

I'll have an Americano. 아메리카노로 할게요.

I'll have a cappuccino. 카푸치노로 할게요.

I'll have a cafe mocha. 카페모카로 할게요.

I'll have an iced tea. 아이스 티로 할게요.

I'll have a hot chocolate. 핫초코로 할게요.

패턴 32 Can you give me _____?
🎧 26-32 ~를 주실 수 있어요?   133쪽

Can you give me a sleeve? 슬리브를 주실 수 있어요?

Can you give me a straw? 빨대를 주실 수 있어요?

Can you give me a fork? 포크를 주실 수 있어요?

Can you give me a lid? 뚜껑을 주실 수 있어요?

Can you give me a receipt? 영수증을 주실 수 있어요?

Can you give me some napkins? 냅킨 좀 주실 수 있어요?

Can you give me some sugar? 설탕 좀 주실 수 있어요?

패턴 33 — I'm looking for _____.
26-33 ~를 찾고 있어요. 144쪽

I'm looking for a jacket. 재킷을 찾고 있어요.

I'm looking for a shirt. 셔츠를 찾고 있어요.

I'm looking for a blouse. 블라우스를 찾고 있어요.

I'm looking for a vest. 조끼를 찾고 있어요.

I'm looking for a coat. 코트를 찾고 있어요.

I'm looking for jeans. 청바지를 찾고 있어요.

I'm looking for shorts. 반바지를 찾고 있어요.

패턴 34 — Do you have this in _____?
26-34 이거 ~한 거 있어요? 145쪽

Do you have this in a bigger size? 이거 더 큰 사이즈 있나요?

Do you have this in a Medium? 이거 중간 사이즈 있나요?

Do you have this in a size 8? 이거 8 사이즈 있나요?

Do you have this in a smaller size? 이거 더 작은 사이즈 있나요?

Do you have this in red? 이거 빨간색 있나요?

Do you have this in black? 이거 검은색 있나요?

Do you have this in beige? 이거 베이지색 있나요?

패턴 35 How much is[are] _____?
🎧 26-35 ~는 얼마인가요?   150쪽

How much is this watch? 이 손목시계는 얼마인가요?

How much is this tie? 이 넥타이는 얼마인가요?

How much is this lipstick? 이 립스틱은 얼마인가요?

How much is this perfume? 이 향수는 얼마인가요?

How much are these shoes? 이 신발은 얼마인가요?

How much are these gloves? 이 장갑은 얼마인가요?

How much are these sunglasses? 이 선글라스는 얼마인가요?

패턴 36 Are these _____ on sale?
🎧 26-36 이 ~들 세일하나요?   151쪽

Are these watches **on sale**? 이 손목시계들 세일하나요?

Are these T-shirts **on sale**? 이 티셔츠들 세일하나요?

Are these suits **on sale**? 이 양복들 세일하나요?

Are these earrings **on sale**? 이 귀걸이들 세일하나요?

Are these caps **on sale**? 이 모자들 세일하나요?

Are these belts **on sale**? 이 벨트들 세일하나요?

Are these socks **on sale**? 이 양말들 세일하나요?

패턴 37 Can I exchange this for _____?
🎧 26-37   이거 ~로 교환되나요?   156쪽

Can I exchange this for a bigger size?
이거 더 큰 사이즈로 교환되나요?

Can I exchange this for a different size?
이거 다른 사이즈로 교환되나요?

Can I exchange this for a different color?
이거 다른 색으로 교환되나요?

Can I exchange this for a blue one?
이거 파란 것으로 교환되나요?

Can I exchange this for a white one?
이거 하얀 것으로 교환되나요?

패턴 38 I'd like to get a refund on _____.
🎧 26-38   ~를 환불받고 싶어요.   157쪽

I'd like to get a refund on this skirt. 이 치마를 환불받고 싶어요.

I'd like to get a refund on this scarf. 이 스카프를 환불받고 싶어요.

I'd like to get a refund on this dress. 이 드레스를 환불받고 싶어요.

I'd like to get a refund on this hat. 이 모자를 환불받고 싶어요.

I'd like to get a refund on these pajamas. 이 잠옷을 환불받고 싶어요.

I'd like to get a refund on these pants. 이 바지를 환불받고 싶어요.

I'd like to get a refund on these sandals. 이 샌들을 환불받고 싶어요.

패턴 39   Can you recommend _____?

 26-39   ~를 추천해 주시겠어요?   166쪽

Can you recommend an interesting museum?
흥미로운 박물관을 추천해 주시겠어요?

Can you recommend a good musical?
괜찮은 뮤지컬을 추천해 주시겠어요?

Can you recommend a famous restaurant?
유명한 식당을 추천해 주시겠어요?

Can you recommend some tourist attractions?
관광지 좀 추천해 주시겠어요?

Can you recommend a nice hotel?
좋은 호텔을 추천해 주시겠어요?

패턴 40   Are there any _____?

26-40   ~가 있나요?   167쪽

Are there any tours? 투어가 있나요?

Are there any city tours? 도시 투어가 있나요?

Are there any night tours? 야간 투어가 있나요?

Are there any sporting events? 스포츠 경기가 있나요?

Are there any local festivals? 지역 축제가 있나요?

패턴 41	**One ticket for _____, please.**
26-41	~ 표 한 장 주세요. 172쪽

One ticket for *Cats*, **please.**
'캣츠' 표 한 장 주세요.

One ticket for *The Lion King*, **please.**
'라이온킹' 표 한 장 주세요.

One ticket for *Jekyll and Hyde*, **please.**
'지킬과 하이드' 표 한 장 주세요.

One ticket for *Les Miserables*, **please.**
'레미제라블' 표 한 장 주세요.

One ticket for *The Phantom of the Opera*, **please.**
'오페라의 유령' 표 한 장 주세요.

패턴 42	**What time does _____ start?**
26-42	~는 몇 시에 시작하나요? 173쪽

What time does the show **start?** 공연은 몇 시에 시작하나요?

What time does the movie **start?** 영화는 몇 시에 시작하나요?

What time does the opera **start?** 오페라는 몇 시에 시작하나요?

What time does the musical **start?** 뮤지컬은 몇 시에 시작하나요?

What time does the play **start?** 연극은 몇 시에 시작하나요?

What time does the ballet **start?** 발레는 몇 시에 시작하나요?

What time does the concert **start?** 음악회는 몇 시에 시작하나요?

패턴 43 | What time does _____ close today?

🎧 26-43 ~는 오늘 몇 시에 문을 닫나요? 178쪽

What time does the museum **close today**?
오늘 박물관은 몇 시에 문을 닫나요?

What time does the palace **close today**?
오늘 궁전은 몇 시에 문을 닫나요?

What time does the zoo **close today**?
오늘 동물원은 몇 시에 문을 닫나요?

What time does the aquarium **close today**?
오늘 수족관은 몇 시에 문을 닫나요?

What time does the cathedral **close today**?
오늘 대성당은 몇 시에 문을 닫나요?

What time does the art museum **close today**?
오늘 미술관은 몇 시에 문을 닫나요?

What time does the botanical garden **close today**?
오늘 식물원은 몇 시에 문을 닫나요?

패턴 44 | Where can I _____?

🎧 26-44 어디서 ~할 수 있어요? 179쪽

Where can I get a map of the museum? 박물관 지도를 어디서 받을 수 있어요?

Where can I buy a ticket? 어디서 표를 구입할 수 있어요?

Where can I find the restroom? 어디서 화장실을 찾을 수 있어요?

Where can I rent an audio guide? 어디서 음성가이드를 빌릴 수 있어요?

Where can I get a brochure? 어디서 안내책자를 받을 수 있어요?

패턴 45 How can I get to _____?
🎧 26-45 ~에 어떻게 가나요? 188쪽

How can I get to Central Park?
센트럴 파크에 어떻게 가나요?

How can I get to the Korean embassy?
한국 대사관에 어떻게 가나요?

How can I get to the natural history museum?
자연사 박물관에 어떻게 가나요?

How can I get to Liberty Island?
리버티 섬에 어떻게 가나요?

How can I get to Queen's Theater?
퀸스 극장에 어떻게 가나요?

패턴 46 Where is the nearest _____?
🎧 26-46 가장 가까운 ~는 어디 있나요? 189쪽

Where is the nearest bus stop? 가장 가까운 버스 정류장이 어디인가요?

Where is the nearest taxi stand? 가장 가까운 택시 정류장이 어디인가요?

Where is the nearest subway station? 가장 가까운 지하철역이 어디인가요?

Where is the nearest department store? 가장 가까운 백화점이 어디인가요?

Where is the nearest supermarket? 가장 가까운 슈퍼마켓이 어디인가요?

패턴 47   Is there a[an] _____ around here?

26-47   근처에 ~가 있나요?   194쪽

Is there a police station **around here**? 근처에 경찰서가 있나요?

Is there a hospital **around here**? 근처에 병원이 있나요?

Is there a drugstore **around here**? 근처에 약국이 있나요?

Is there a restroom **around here**? 근처에 화장실이 있나요?

Is there a bank **around here**? 근처에 은행이 있나요?

Is there a post office **around here**? 근처에 우체국이 있나요?

Is there a pay phone **around here**? 근처에 공중전화가 있나요?

패턴 48   My _____ was stolen.

26-48   내 ~를 도둑 맞았어요.   195쪽

My bag **was stolen**. 내 가방을 도둑 맞았어요.

My wallet **was stolen**. 내 지갑을 도둑 맞았어요.

My backpack **was stolen**. 내 배낭을 도둑 맞았어요.

My handbag **was stolen**. 내 핸드백을 도둑 맞았어요.

My cellphone **was stolen**. 내 휴대폰을 도둑 맞았어요.

My credit card **was stolen**. 내 신용카드를 도둑 맞았어요.

My camera **was stolen**. 내 카메라를 도둑 맞았어요.

패턴 49　Can I see your _____?

🎧 26-49　~를 볼 수 있을까요?　　204쪽

Can I see your passport?　여권 좀 볼 수 있을까요?

Can I see your boarding pass?　탑승권 좀 볼 수 있을까요?

Can I see your customs form?　세관 신고서 좀 볼 수 있을까요?

Can I see your driver's license?　운전면허증 좀 볼 수 있을까요?

Can I see your ticket?　표 좀 볼 수 있을까요?

패턴 50　Can I have _____?

🎧 26-50　~에 앉을 수 있을까요?　　205쪽

Can I have a window seat?　창가석에 앉을 수 있을까요?

Can I have an aisle seat?　통로 쪽 좌석에 앉을 수 있을까요?

Can I have an exit-row seat?　출구 쪽 좌석에 앉을 수 있을까요?

Can I have a first-row seat?　맨 앞 좌석에 앉을 수 있을까요?

Can I have a seat next to my friend?　내 친구 옆 자리에 앉을 수 있을까요?

서로 다른 미국영어 vs. 영국영어

영어는 미국, 영국, 호주, 뉴질랜드 등 전세계 다양한 나라에서 모국어로 사용됩니다. 나라에 따라 같은 뜻을 나타낼 때 완전히 다른 단어를 쓰기도 하지요. 여기에서는 가장 대표적인 미국영어와 영국영어에서 다르게 쓰는 단어를 살펴보겠습니다.

MP3로 들으세요

장소

🎧 27-1

미국		영국
movie theater 무비 씨에털	영화관	**cinema** 씨너머
gas station 개쓰 스테이션	주유소	**petrol station** 페트럴 스테이션
parking lot 팔킹 랏	주차장	**car park** 칼 팔크
first floor 펄스트 플로얼	1층	**ground floor** 그라운드 플로얼
second floor 쎄컨드 플로얼	2층	**first floor** 펄스트 플로얼
front desk 프런트 데스크	안내 데스크	**reception** 리쎕션
elevator 엘리베이럴	엘리베이터	**lift** 리프트
restroom 레스트룸	화장실	**toilet** 토일릿

우리 집은 first floor 입니다.

음식

🇺🇸		🇬🇧
(French) fries (프렌치) 프라이즈	감자튀김	**chips** 칩스
(potato) chips (포테이토) 칩스	감자칩	**crisps** 크리스프스
shrimp 쉬림프	새우	**prawn** 프로운
cookie 쿠키	과자	**biscuit** 비스킷
candy 캔디	사탕류	**sweet** 스윗
corn 콜온	옥수수	**maize** 메이즈
powdered sugar 파우덜드 슈걸	가루 설탕	**icing sugar** 아이씽 슈걸
appetizer 애피타이절	전채 요리	**starter** 스탈털

255

교통

🇺🇸		🇬🇧
subway 써브웨이	지하철	**underground** 언덜그라운드
bus 버쓰	장거리 버스	**coach** 코우취
one-way ticket 원 웨이 티킷	편도표	**single ticket** 씽글 티킷
round-trip ticket 라운드 트립 티킷	왕복표	**return ticket** 리턴 티킷
freeway 프리웨이	고속도로	**motorway** 모털웨이
railroad 레일로드	철도	**railway** 레일웨이
sidewalk 싸이드워크	인도	**pavement** 페이브먼트
crosswalk 크로스워크	횡단보도	**pedestrian crossing** 퍼데스트리언 크로씽

의류

🇺🇸		🇬🇧
pants 팬츠	바지	**trousers** 트라우절
sweater 스웨털	스웨터	**jumper** 점펄
sneakers 스니컬즈	운동화	**trainers** 트레이널즈
undershirt 언덜셜트	속셔츠, 내복	**vest** 베스트
vest 베스트	(남성용) 조끼	**waistcoat** 웨이스트코웃
underpants 언덜팬츠	팬티	**pants** 팬츠
turtleneck 털틀넥	목이 긴 스웨터의 깃	**polo neck** 폴로 넥
zipper 지펄	지퍼	**zip** 집

이 pants를 사고 싶어요.

물건

🎧 27-5

🇺🇸		🇬🇧
closet 클로짓	옷장	**wardrobe** 월드로브
trash can 트래쉬 캔	쓰레기통	**dustbin** 더스트빈
bathtub 배쓰텁	욕조	**bath** 배쓰
gas stove 개스 스토우브	가스레인지	**gas cooker** 개스 쿠컬
cellphone 쎌포운	휴대폰	**mobile (phone)** 모우바일 포운
flashlight 플래쉬라잇	손전등	**torch** 톨취
Band-Aid 밴데이드	반창고	**plaster** 플래스털
can 캔	깡통	**tin** 틴

기타

🇺🇸		🇬🇧
vacation 베이케이션	휴가, 방학	**holiday** 홀러데이
public holiday 퍼블릭 할러데이	공휴일	**bank holiday** 뱅크 홀러데이
soccer 싸컬	축구	**football** 풋볼
football 풋볼	미식축구	**American football** 어메리컨 풋볼
zip code 집 코드	우편번호	**postcode** 포스트코드
fall 폴	가을	**autumn** 오텀
check 쳌	계산서	**bill** 빌
takeout 테익아웃	테이크아웃	**takeaway** 테익어웨이

나는 football 선수입니다.

철자가 다른 단어

🎧 27-7

🇺🇸		🇬🇧
color 컬러	색깔	**colour** 컬러
theater 씨어털	극장	**theatre** 씨어털
center 쎈털	중심	**centre** 쎈털
traveler 트래블럴	여행자	**traveller** 트래블럴
check 첵	수표	**cheque** 첵
jewelry 쥬얼리	보석	**jewellery** 쥬얼리
pajamas 퍼좌머즈	잠옷	**pyjamas** 퍼좌머즈
whiskey 위스키	위스키	**whisky** 위스키

260

PC에서
다락원 홈페이지 이용하기

컴퓨터에서 익스플로러, 크롬, 파이어폭스 같은
인터넷 프로그램을 켜고 다락원 홈페이지에 접속하세요.
내려받은 음성파일은 컴퓨터나 MP3 플레이어에서 들으시면 됩니다.

❶ 인터넷 주소창에 darakwon.co.kr을 입력하고 엔터를 누르세요.

❷ 화면 위쪽 가운데 검색창 옆에 있는 회원가입을 눌러 가입한 뒤,
　아이디와 비밀번호를 넣어 로그인하세요. 회원가입은 무료입니다.

❸ 검색창에 **청춘**을 입력하고 검색 버튼을 누르세요.

❹ [도서] **청춘 영어: 여행회화**를 찾아 MP3 버튼을 누르세요.
　[MP3] **청춘 영어: 여행회화**를 찾아 들어가셔도 됩니다.

❺ 각 파일명을 누르시면 파일을 받을 수 있습니다.

❶ darakwon.co.kr 입력
❷ 회원가입 후 로그인
❸ 청춘 영어 입력
❹ 버튼을 눌러 내려받기

스마트폰에서 QR코드 찍어 이용하기

QR코드를 스캔하면 MP3 듣기 페이지로 바로 이동합니다.
회원이 아니어도, 로그인하지 않아도 MP3를 바로 들을 수 있습니다.

❶ **앱스토어** 나 **플레이스토어** 에 들어가세요.

❷ 'QR 코드'를 검색해서 **QR코드 리더** 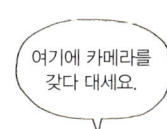 나
무료 QR 코드 스캐너  등의 앱을 내려받으세요.

❸ 받은 앱을 실행하세요.

❹ 카메라 화면을 QR코드에 갖다 대면 MP3 듣기 페이지로 바로 이동합니다.

❺ QR코드를 사용하기 어려우면 스마트폰에서 인터넷을 켜고 네이버나 다음 등의 포털 사이트 검색창에 darakwon.co.kr를 입력해서 들어가세요.
'다락원'을 입력해서 찾아 들어가셔도 됩니다.

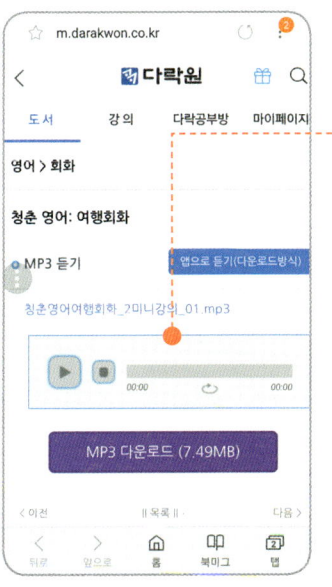

❹ QR 코드를 찍으면 곧바로 강의 듣기 페이지로 이동

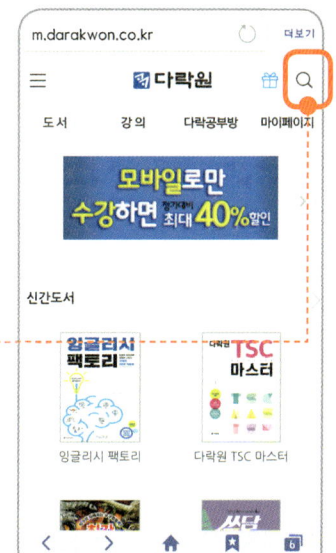

❺ 인터넷을 켜고 다락원 홈페이지로 이동한 후에 '청춘 영어' 입력

다락원 홈페이지에서 녹음 자료를 받으세요!

이 책에 나오는 모든 원어민 녹음과 저자 음성강의는
다락원 홈페이지에서도 받을 수 있습니다.
컴퓨터나 MP3 플레이어, 스마트폰을 이용해 들어보세요.

본문 듣기
본문의 녹음 파일을 제공합니다. 헤드폰 기호 옆에 있는 파일 이름을 보고 원하는 파일을 쉽게 찾아 들으세요.

패턴문장 트레이닝
'여행이 쉬워지는 패턴문장 트레이닝'(228쪽)의 녹음 파일입니다. 한국어 해석과 영어 문장을 함께 녹음하여, 듣기만 해도 저절로 공부가 됩니다.

미국영어 영국영어
'서로 다른 미국영어 vs 영국영어'(254쪽)에 나오는 단어의 발음을 확인해 볼 수 있습니다.

별책 부록
별책부록 '여행이 쉬워지는 여행영어 미니북'의 녹음 파일입니다. 별책부록 표지 뒤에 있는 QR코드를 찍으면 바로 MP3 파일을 들을 수 있습니다.

음성 강의
본문에 나오는 패턴을 설명한 저자 선생님의 친절한 강의를 들을 수 있습니다. 총 25강의 음성강의가 무료로 제공됩니다.

다락원 홈페이지로 바로 가기
스마트폰으로 왼쪽 QR 코드를 찍으시면 다락원 홈페이지로 바로 연결됩니다. 컴퓨터에서는 인터넷 주소창에 darakwon.co.kr을 입력하거나 포털사이트에서 '다락원'으로 검색하세요.

청춘영어
여행회화
별책부록

여행이 쉬워지는

여행영어
미니북

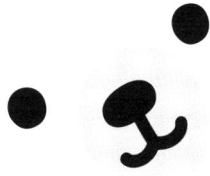

다락원

목차

01 기본 회화 2
02 기내에서 6
03 입국할 때 10
04 교통 이용할 때 16
05 호텔에서 22
06 식당에서 29
07 쇼핑할 때 38
08 관광할 때 43
09 문제가 생겼을 때 49
10 귀국할 때 54
11 필수 단어 58

01 기본 회화

 28-01

인사

실례합니다.
Excuse me.
익스큐즈 미

안녕하세요.
Hello. / Hi.
헬로우   하이

안녕하세요. (아침)
Good morning.
굿   모닝

안녕하세요. (점심)
Good afternoon.
굿   애프터눈

안녕하세요. (저녁)
Good evening.
굿   이브닝

안녕히 가세요.
Good bye.
굿 바이

만나서 반갑습니다.
Nice to meet you.
나이쓰 투 밋 유

감사와 사과

감사합니다.
Thank you.
쌩큐

천만에요.
You're welcome.
유얼 웰컴

미안합니다.
I'm sorry.
아임 쏘리

괜찮습니다.
That's all right.
댓츠 올 라잇

대답

네.
Yes.
예쓰

아니요.
No.
노우

물론입니다.
Sure. / Of course.
슈얼   오브 콜스

고맙지만 괜찮습니다.
No, thank you.
노우   쌩큐

잘 모르겠습니다.
I don't know.
아이 돈   노우

잘 못 알아들었을 때

뭐라고요?
Pardon me? / I'm sorry?
팔든　　　미　　　아임 쏘리

다시 한 번 말씀해 주시겠어요?
Could you say that again?
쿠드　　유　　쌔이　댓　　어게인

천천히 말씀해 주시겠어요?
Could you speak more slowly?
쿠드　　유　　스픽　　모얼　　슬로울리

02 기내에서

이착륙

제 좌석은 어디입니까?

Where is my seat?

웨얼 이즈 마이 씻

제 자리에 앉아 계신 것 같은데요.

I'm afraid you are in my seat.

아임 어프레이드 유 알 인 마이 씻

좌석벨트를 착용해 주세요.

Please fasten your seat belt.

플리즈 패쓴 유얼 씻 벨트

창문 가리개를 올려 주시겠어요?

Could you open the window shade?

쿠드 유 오픈 더 윈도우 쉐이드

간이 테이블을 세워 주세요.

Put your tray table up, please.

풋 유얼 트레이 테이블 업 플리즈

기내식

마실 것 좀 드릴까요?
Would you like something to drink?
우쥬 라익 썸씽 투 드링크

와인 한 잔 a glass of wine 어 글래쓰 어브 와인 | **물 좀 some water** 썸 워털
땅콩 좀 some peanuts 썸 피너츠

닭고기와 소고기 중 뭘 드릴까요?
Would you like chicken or beef?
우쥬 라익 취킨 오얼 비프

소고기를 주세요.
Beef, please.
비프 플리즈

닭고기 Chicken 취킨 | **생선 Fish** 피쉬 | **오렌지 주스 Orange juice** 오렌쥐 주스
커피 Coffee 커피 | **홍차 Tea** 티 | **녹차 Green tea** 그린 티 | **맥주 A beer** 어 비얼
콜라 Coke 코크 | **사이다 Sprite** 스프라잇

물 좀 주시겠어요?
Can I have some water, please?
캔 아이 해브 썸 워털 플리즈

어떤 음료가 있어요?
What drinks do you have?
왓 드링쓰 두 유 해브

기내 서비스

담요를 주시겠어요?
Can I get a blanket?
캔 아이 겟 어 블랭킷

신문 **a newspaper** 어 뉴스페이펄 | 펜 **a pen** 어 펜 | 베개 **a pillow** 어 필로우
수면 안대 **a sleeping mask** 어 슬리핑 매스크 | 귀마개 **earplugs** 이얼플러그스
헤드폰 **headphones** 헤드포운즈 | 입국카드 **a landing card** 어 랜딩 칼드
세관신고서 **a customs form** 어 커스텀즈 폼

두통 약 좀 주실 수 있나요?
Can I get something for a headache?
캔 아이 갯 솜씽 포얼 어 헤드에익

입국신고서 한 장 더 주실래요?
May I have another landing card?
메이 아이 해브 언아덜 랜딩 칼드

쟁반 좀 가져가 주시겠어요?
Could you take my tray?
쿠드 유 테익 마이 트레이

날 도와주다 **help me** 헬프 미 | 식사 때 깨우다 **wake me for meals** 웨익 미 폴 밀즈
좌석을 세우다 **move your seat up** 무브 유얼 씻 업
나와 자리를 바꾸다 **switch seats with me** 스위취 씻츠 위드 미

이 양식을 작성하는 것 좀 도와주시겠어요?
Could you help me fill out this form?
쿠드 유 헬프 미 필 아웃 디쓰 폼

면세품을 구입하다 buy some duty-free items 바이 썸 듀티 프리 아이템즈

아스피린 있습니까?
Do you have any aspirin?
두 유 해브 에니 애스퍼린

비행 정보 문의

비행 시간이 얼마나 걸리나요?
How long is the flight?
하우 롱 이즈 더 플라잇

언제 착륙하나요?
When will we land?
웬 윌 위 랜드

런던은 지금 몇 시인가요?
What is the local time in London?
왓 이즈 더 로우컬 타임 인 런던

03 입국할 때

🎧 28-03

입국심사

방문 목적이 무엇입니까?
What is the purpose of your visit?
왓   이즈 더   펄퍼스   어브 유얼   비짓

관광하러 왔어요.
I'm here for sightseeing.
아임 히얼   폴   싸잇씨잉

휴가로 on vacation 온 베이케이션 | **출장으로 on business** 온 비즈니스
영어를 공부하러 to study English 투 스터디 잉글리쉬

친구를 만나러 왔어요.
I'm here to visit my friend.
아임 히얼   투   비짓   마이   프렌드

친척 relatives 렐러티브즈 | **가족 family** 패밀리 | **딸 daughter** 도털 | **아들 son** 쏜

얼마나 머무르실 건가요?
How long will you be staying?
하우   롱   윌   유   비   스테잉

열흘 동안 머물 계획이에요.
I plan to stay for ten days.
아임 플랜 투 스테이 폴 텐 데이즈

사흘 three days 쓰리 데이즈 | **일주일 a week** 어 윅 | **이주일 two weeks** 투 웍스
한달 a month 어 먼쓰 | **두 달 two months** 투 먼쓰
열흘 정도 about ten days 어바웃 텐 데이즈

어디에서 머무르실 건가요?
Where will you stay?
웨얼 윌 유 스테이

힐튼 호텔에서 머물 거예요.
I will stay at the Hilton Hotel.
아이 윌 스테이 앳 더 힐튼 호우텔

나는 친구 집에서 머물 거예요.
I'll stay at my friend's house.
아일 스테이 앳 마이 프렌즈 하우스

미국은 처음 방문하시는 건가요?
Is this your first visit to America?
이즈 디쓰 유얼 펄스트 비짓 투 어메리커

당신의 직업은 무엇입니까?
What is your occupation?
왓 이즈 유얼 아큐페이션

11

저는 사업가입니다.
I'm a businessperson.
아임 어 비즈니스펄쓴

회사원 an office worker 언 오피스 워커
전업주부 a stay-at-home mom 어 스테이 앳 홈 맘
계산원 a cashier 어 캐쉬얼
교사 a teacher 어 티철

저는 은퇴했습니다.
I'm retired.
아임 리타이얼드

수하물

제 가방 찾는 것 좀 도와주세요.
Please help me find my bag.
플리즈   헬프   미   파인드 마이 백

수하물 찾는 표 갖고 계세요?
Do you have your baggage claim ticket?
두   유   해브   유얼   배기쥐   클레임   티킷

짐이 어떻게 생겼나요?
What does your bag look like?
왓   더즈   유얼   백   룩   라익

큰 회색 가방이에요.

It is a large, gray bag.

잇 이즈 어 랄쥐　　그레이　백

제 짐을 찾으시면 호텔로 보내주세요.

Please send my bag to my hotel when you find it.

플리즈　쌘드　마이　백　투　마이　호우텔　웬　유　파인딧

세관

신고할 물건이 있습니까?

Do you have anything to declare?

두　유　해브　에니씽　투　디클레얼

저는 신고할 물건이 없습니다.

I have nothing to declare.

아이 해브　나씽　투　디클레얼

이거 신고해야 하나요?

Do I have to declare this?

두　아이 해브 투　디클레얼　디쓰

이거에 대한 영수증 있으세요?

Do you have the receipt for this?

두　유　해브　더　리씻　폴　디쓰

가방 안을 좀 봐도 될까요?

Can I look in your bag?

캔　　아이 룩　　인　유얼　　백

이것들은 제 개인용품입니다.

These are my personal belongings.

디즈　　　알　　마이　펄서널　　　빌롱잉스

환전

오늘 환율이 어떻게 되나요?

What's the exchange rate today?

왓츠　　　더　　익스췌인쥐　　　레잇　　터데이

미국 달러 당 유로 환율이 어떻게 되나요?

What's the exchange rate for US dollars to euros?

왓츠　　　더　　익스췌인쥐　　　레잇　　폴　유에쓰 달럴즈　　투　유로즈

미화 100달러를 파운드로 환전해 주세요.

I'd like to change 100 US dollars into pounds.

아이드 라익 투　췌인쥐　　　원 헌드러드 유에쓰 달럴즈 인투　　파운즈

여기 100달러를 10달러로 바꿔 주시겠어요?
Can you break this 100-dollar bill into 10-dollar
캔　　　유　　　브레익　　　디쓰　원 헌드러드 달럴 빌　　인투　　텐　　달럴
bills, please?
빌즈　　　플리즈

04 교통 이용할 때

버스

어떤 버스가 타임스 스퀘어에 가나요?
Which bus goes to Times Square?
위취 버쓰 고우즈 투 타임스 스퀘얼

연주회장 the concert hall 더 칸설트 홀
야구장 the baseball stadium 더 베이스볼 스테이디엄
대영 박물관 the British Museum 더 브리티쉬 뮤지엄
빅토리아 역 Victoria Station 빅토리어 스테이션

이 버스 타임스 스퀘어에 가요?
Does this bus go to Times Square?
더즈 디쓰 버쓰 고우 투 타임스 스퀘얼

월가 Wall Street 월 스트릿 | **5번가 Fifth Avenue** 피프쓰 애버뉴
시청 City Hall 씨티 홀 | **시카고 Chicago** 쉬카고우
만리 해변 Manly Beach 맨리 비취 | **차이나타운 Chinatown** 촤이나타운

아웃렛까지 요금이 얼마예요?
What's the fare to Outlets?
왓츠 더 페얼 투 아웃렛츠

요금은 어디에 내죠?
Where should I pay?
웨얼 슈다이 페이

어디서 내리면 되는지 알려 주시겠어요?
Can you tell me where to get off?
캔 유 텔 미 웨얼 투 겟 오프

이번 정류장에서 내리면 되나요?
Do I need to get off at this stop?
두 아이 니투 겟 오프 앳 디쓰탑

택시

이 주소로 가 주시겠어요?
Could you take me to this address?
쿠드 유 테익 미 투 디쓰 애드레쓰

썬 호텔 the Sun Hotel 더 썬 호우텔 | **시드니 타워 Sydney Tower** 씨드니 타우얼
타워 브리지 Tower Bridge 타우얼 브리쥐 | **GE 빌딩 the GE Building** 더 쥐이 빌딩

트렁크 좀 열어 주세요.
Please open the trunk.
플리즈 오픈 더 트렁크

택시 미터기를 켜 주세요.

Could you turn on the meter?

쿠드 유 턴 온 더 미털

시내 중심부까지 요금이 얼마나 나올까요?

How much would it cost to the city center?

하우 머취 우딧 코스트 투 더 씨티 쎈털

호텔에 도착하는 데 얼마나 걸리나요?

How long does it take to get to the hotel?

하우 롱 더즈 잇 테익 투 겟 투 더 호우텔

공항 airport 에얼폴트 | 버스 터미널 bus station 버쓰 스테이션
대학교 university 유너벌서티 | 해변 beach 비취 | 쇼핑몰 mall 몰
시내 중심부 city center 씨티 쎈털

여기서 세워 주세요.

Stop here, please.

스탑 히얼 플리즈

잔돈은 가지세요.

Keep the change.

킵 더 체인쥐

지하철 및 기차

매표소가 어디 있는지 아세요?
Do you know where the ticket office is?
두 유   노우   웨얼   더   티킷   오피스   이즈

매표기 ticket machine 티킷 머쉰 | **엘리베이터 elevator** 엘러베이럴
에스컬레이터 escalator 에스컬레이럴 | **1번 승강장 Platform 1** 플랫폼 원
수하물 보관함 구역 luggage locker area 러기쥐 라컬 에리어
지하철역 subway station 써브웨이 스테이션

일일 교통권이 필요합니다.
I need a one-day pass.
아이 니드 어 원 데이   패쓰

일주일 교통권 weekly pass 위클리 패쓰 | **편도표 one-way ticket** 원 웨이 티킷
왕복표 round-trip ticket 라운드 트립 티킷 | **지하철 지도 subway map** 써브웨이 맵
기차 시간표 train timetable 트레인 타임테이블 | **메트로카드 MetroCard** 메트로칼드

런던행으로 어른 두 장 주세요.
Two adults for London, please.
투   어덜츠   폴   런던   플리즈

몇 호선이 타임스 스퀘어에 가나요?
Which line goes to Times Square?
위취   라인 고우즈 투 타임스   스퀘얼

제가 어느 역에서 내려야 하나요?

Which station should I get off at?

위취 스테이션 슈다이 겟 어팻

이거 센트럴 파크 가는 열차가 맞나요?

Is this the right train for Central Park?

이즈 디쓰 더 라잇 트레인 폴 쎈추럴 팔크

이번 열차는 급행입니다.

This is an express.

디쓰 이즈 언 익스프레쓰

렌터카

소형차로 3일간 렌트하고 싶어요.

I'd like to rent a compact car for three days.

아이드 라익 투 렌터 컴팩 칼 폴 쓰리 데이즈

중형차 mid-size car 미드 싸이즈 칼 | 대형차 full-size car 풀 싸이즈 칼

하루 요금이 얼마예요?

What is the daily rate?

왓 이즈 더 데일리 레잇

내비게이션이 있나요?
Does it come with GPS?
더즈 잇 컴 위드 쥐피에쓰

가솔린과 디젤 중에 어떤 연료를 쓰나요?
Does it take gasoline or diesel?
더즈 잇 테익 개썰린 오얼 디젤

05 호텔에서

호텔 예약

예약을 하고 싶어요.
I'd like to make a reservation.
아이드 라익 투 메익 어 레절베이션

예약을 취소하다 cancel my reservation 캔쓸 마이 레절베이션

9월 1일부터 5일까지 4박이요.
For four nights, September first through to
폴 폴 나잇츠 쎔템벌 펄스트 쓰루 투
the fifth.
더 피프쓰

좀 더 저렴한 방이 있나요?
Do you have any less expensive rooms?
두 유 해브 에니 레쓰 익쓰펜씨브 룸즈

아침 식사가 포함되어 있나요?
Is breakfast included?
이즈 브렉퍼스트 인클루디드

저희 트윈베드(1인용 침대 두 개)로 할 수 있나요?
Can we have twin beds?
캔　　위　　해브　　트윈　　베즈

1인용 침대가 있는 방을 원합니다.
I'd like a room with a single bed.
아이드 라익 어 룸　　위드　　어 씽글　　베드

2인용 침대 a double bed 어 더블 베드 | **1인용 침대 두 개 twin beds** 트윈 베즈
추가 침대 an extra bed 언 엑스트라 베드 | **욕조 a bathtub** 어 배쓰텁
발코니 a balcony 어 밸커니 | **부엌 시설 kitchen facilities** 키친 팩실리티즈

바다가 보이는 전망의 방을 원합니다.
I'd like a room with an ocean view.
아이드 라익 어 룸　　위드　　언　오우션　뷰

부분적인 바다 전망 a partial ocean view 어 팔셜 오우션 뷰
정원 전망 a garden view 어 갈든 뷰
시내 전망 a city view 어 씨티 뷰
산 전망 a mountain view 어 마운틴 뷰

호텔 체크인

체크인하고 싶습니다.
I'd like to check in.
아이드 라익 투　췌크　　인

수지란 이름으로 예약했습니다.
I have a reservation under the name of Susie.
아이 해버　레절베이션　언덜　더　네임　어브 수지

성함 철자가 어떻게 되시죠?
How do you spell your name?
하우　두　유　스펠　유얼　네임

예치금으로 100달러를 내셔야 합니다.
We require a 100-dollar deposit.
위　리콰이얼　어 원 헌드러드 달럴　디파짓

호텔 이용

식당은 어디에 있습니까?
Where is the restaurant?
웨얼　이즈 더　레스터런트

호텔 프론트 front desk 프런트 데스크 | **로비 lobby** 라비 | **사우나 sauna** 쏘너
헬스 클럽 fitness center 피트니스 쎈털 | **편의점 convenience store** 컨비니언스 스토얼
수영장 swimming pool 스위밍 풀 | **술집 bar** 발 | **스파 spa** 스파
비즈니스 센터 business center 비즈니쓰 쎈털

아침식사는 몇 시까지인가요?
What time does breakfast finish?
왓　타임　더즈　브렉퍼스트　피니쉬

택시 좀 불러 주시겠어요?
Could you call a taxi, please?
쿠드　　　유　　콜　　어 택씨　　플리즈

시내로 가는 무료 셔틀버스가 있나요?
Is there a free shuttle bus to downtown?
이즈 데얼　　어 프리　　셔틀　　버쓰　투　다운타운

룸서비스 있나요?
Is there room service?
이즈 데얼　　룸　　　썰비쓰

세탁 서비스 **laundry service** 론드리 썰비쓰
드라이클리닝 서비스 **dry cleaning service** 드라이 클리닝 썰비쓰
대리 주차 **valet parking** 밸레이 팔킹
모닝콜 서비스 **a wake-up call service** 어 웨이크 업 콜 썰비쓰
무료 와이파이 **free WiFi** 프리 와이파이
인터넷 연결 **Internet access** 인털넷 어쎄쓰

방에서 무료 와이파이 쓸 수 있나요?
Can I get free Wi-Fi in my room?
캔　　　아이 겟 프리　와이파이 인　마이　룸

룸서비스를 주문하고 싶습니다.
I'd like to order room service.
아이드 라익 투 오덜 룸 썰비쓰

세탁 서비스를 이용하다 **get laundry service** 겟 런드리 썰비쓰
7시에 모닝콜을 받다 **get a wake-up call at 7** 겟 어 웨이크 업 콜 앳 쎄븐

그 금액을 제 호텔비에 추가해 주실래요?
Can you put that on my room?
캔 유 풋 댓 온 마이 룸

호텔 문제 해결

제 방에 카드를 두고 나왔어요.
I locked my card in my room.
아이 락트 마이 칼드 인 마이 룸

제 옆방에 있는 사람들이 아주 시끄러워요.
The people in the room beside mine are very noisy.
더 피플 인 더 룸 비사이드 마인 알 베리 노이지

에어컨이 고장 났어요.
The air conditioner doesn't work.
디　　에얼 컨디셔널　　　더즌　　　월크

난방기 heater 히털 ｜ **샤워기 shower** 샤우얼 ｜ **리모컨 remote control** 리모웃 컨트로울
전등 lamp 램프 ｜ **전화기 telephone** 텔레폰 ｜ **냉장고 fridge** 프리쥐
인터넷 Internet 인털넷 ｜ **무선인터넷 Wifi** 와이파이

욕실에서 너무 냄새가 나요.
The bathroom smells bad.
더　　배쓰룸　　　스멜즈　　배드

변기가 막혔어요.
The toilet is clogged.
더　　토일릿　이즈 클락드

화장지가 없어요.
There is no toilet paper.
데얼　　이즈 노우 토일릿　페이펄

수건 towel 타우얼 ｜ **샴푸 shampoo** 샘푸 ｜ **린스 conditioner** 컨디셔널
목욕용 물비누 shower gel 샤우얼 젤 ｜ **비누 soap** 쏘웁 ｜ **칫솔 toothbrush** 투쓰브러쉬
치약 toothpaste 투쓰페이스트 ｜ **헤어드라이어 hairdryer** 헤얼드라이얼
면도기 razor 레이절 ｜ **빗 comb** 코움

방을 바꾸고 싶어요.
I'd like to change my room.
아이드 라익 투　췌인쥐　　마이　룸

호텔 체크아웃

체크아웃이 몇 시죠?
What time is check-out?
왓 타임 이즈 첵 아웃

예치금을 돌려받을 수 있나요?
Can I get my deposit back?
캔 아이 겟 마이 디파짓 백

이건 무슨 비용이죠?
What is this charge for?
왓 이즈 디쓰 촬쥐 폴

제 가방들을 7시까지 여기에 맡길 수 있을까요?
Can I leave my bags here until seven?
캔 아이 리브 마이 백스 히얼 언틸 쎄븐

신용카드로 계산하는 게 가능한가요?
Is it possible to pay by credit card?
이즈 잇 파써블 투 페이 바이 크레딧 칼드

늦게 체크아웃하다 **check out late** 첵 아웃 레잇
여기에 짐을 맡기다 **leave my luggage here** 리브 마이 러기쥐 히얼
하루 더 묵다 **stay one more night** 스테이 원 모얼 나잇
하루 일찍 떠나다 **leave a day earlier** 리브 어 데이 얼리얼

06 식당에서 🎧 28-06

식당 예약

오늘 밤에 예약하고 싶습니다.
I'd like to book a table for tonight.
아이드 라익 투 북　　어 테이블　폴　　투나잇

오전 11시 11 a.m. 일레븐 에이 앰 | **저녁 7시 7 p.m.** 쎄븐 피 엠
6시 정각 6 o'clock 씩쓰 어클락 | **이번 주 금요일 this Friday** 디쓰 프라이데이
내일 저녁 tomorrow night 터마로우 나잇 | **일요일 점심식사 Sunday lunch** 썬데이 런취

오늘 저녁 7시에 두 명 예약할 수 있나요?
Could I book a table for two at seven this evening?
쿠다이　　　북　　어 테이블　폴　투　　엣　쎄븐　　　디쓰　이브닝

창가 쪽 테이블에 앉을 수 있을까요?
Could we have a table by the window?
쿠드　　위　해브　어 테이블　바이 더　　윈도우

2인용 for two 폴 투 | **4인용 for four** 폴 폴 | **테라스에 있는 on the terrace** 온 더 테러쓰
금연석에 있는 in the non-smoking area 인 더 난 스모킹 에리어
흡연석에 있는 in the smoking area 인 더 스모킹 에리어
구석에 있는 in the corner 인 더 콜널 | **바깥에 있는 outside** 아웃싸이드

죄송하지만 예약을 취소해야 합니다.
I'm sorry, but I have to cancel my reservation.
아임 쏘리 벗 아이 해브 투 캔쓸 마이 레절베이션

식당 입구

일반 테이블과 칸막이 테이블 중 뭘 원하세요?
Would you like a table or a booth?
우쥬 라익 어 테이블 오얼 어 부쓰

칸막이 테이블에 앉을 수 있을까요?
Is there a booth available?
이즈 데얼 어 부쓰 어베일러블

금연석으로 2인석 부탁합니다.
I'd like a table for two in the non-smoking section.
아이드 라익 어 테이블 폴 투 인 더 난 스모킹 섹션

두 명 자리는 얼마나 기다려야 해요?
How long is the wait for two people?
하우 롱 이즈 더 웨잇 폴 투 피플

음식 주문

지금 주문해도 될까요?
Can I order now?
캔　아이 올덜　나우

저 사람들이 먹는 건 뭐죠?
What are they having?
왓　알　데이　해빙

주요리로 뭘 추천하시겠어요?
What do you recommend for a main dish?
왓　두 유　레커멘드　폴 어 메인 디쉬

전채, 애피타이저 an appetizer 언 애피타이절 | **곁들이는 요리 a side dish** 어 싸이드 디쉬
후식, 디저트 dessert 디절트 | **드레싱 dressing** 드레씽 | **포도주 wine** 와인
생선 요리 a fish dish 어 피쉬 디쉬

이건 얼마나 걸리죠?
How long does this take?
하우　롱　더즈　디쓰　테익

이건 어떤 요리인가요?
What kind of dish is this?
왓　카인드 어브 디쉬　이즈 디쓰

그거 샐러드와 함께 나오나요?
Does it come with a salad?
더즈 잇 컴 위더 쌜러드

음료 a drink 어 드링크 | **쌀밥 rice** 라이쓰 | **수프 soup** 쏩 | **빵 bread** 브레드
피클 pickles 피클즈 | **야채 vegetables** 베줘터블즈 | **감자튀김 fries** 프라이즈

불만사항

이건 제가 주문한 게 아닌데요.
This is not what I ordered.
디쓰 이즈 낫 왓 아이 올덜드

전 샐러드를 주문하지 않았어요.
I didn't order a salad.
아이 디든트 올덜 어 쌜러드

스파게티 spaghetti 스퍼게티 | **토마토 수프 tomato soup** 터메이토우
스테이크 a steak 어 스테익 | **소고기 구이 roast beef** 로우스트 비프
아이스크림 ice cream 아이쓰 크림 | **스튜 a stew** 어 스투

제 음식에 뭔가 이상한 것이 들어가 있어요.
There is something strange in my food.
데얼 이즈 썸씽 스트레인쥐 인 마이 푸드

이 채소가 신선하지 않아요.

This vegetable is not fresh.

디쓰 베쥐터블 이즈 낫 프레쉬

제 포크가 안 깨끗해요.

My fork isn't clean.

마이 폴크 이즌트 클린

이거 너무 짜요.

This is too salty.

디쓰 이즈 투 쏠티

매운 **spicy** 스파이씨 | 신 **sour** 싸우얼 | 차가운, 식은 **cold** 코울드
(고기가) 질긴 **tough** 터프 | (고기가) 덜 익은 **pink** 핑크 | 쓴 **bitter** 비털
기름진 **greasy** 그리지 | 싱거운 **bland** 블랜드 | 단 **sweet** 스윗

계산

계산서 부탁해요.

Check, please.

췍   플리즈

계산은 여기서 하나요, 아니면 계산대에서 하나요?

Do I pay here or at the counter?

두 아이 페이 히얼 오얼 앳 더 카운털

신용카드 되나요?
Do you take credit cards?
두 유 테익 크레딧 칼즈

거스름돈을 덜 주신 것 같아요.
I think you short-changed me.
아이 씽크 유 숄트 췌인쥐드 미

패스트푸드점

무엇을 드시겠습니까?
What would you like to have?
왓 우듀 라익 투 해브

치즈버거 주세요.
I'd like a cheeseburger.
아이드 라익 어 취즈벌걸

3번 세트 **a number 3** 어 넘벌 쓰리 | 닭고기 버거 **a chicken burger** 어 취킨 버걸
핫도그 **a hot dog** 어 핫 도그 | (버거킹의) 와퍼 **a Whopper** 어 와퍼
감자튀김 **French fries** 프렌취 프라이즈 | 비스킷(작은 빵) **a biscuit** 어 비스킷
포장용 상자 **a to-go box** 어 투 고우 박쓰

케첩 좀 더 얻을 수 있나요?
Can I get more ketchup, please?
캔 아이 겟 모얼 케첩 플리즈

음료는 무엇으로 하시겠어요?
What would you like to drink?
왓　　우듀　　　　라익　투　드링크

콜라 주세요.
I'd like a Coke.
아이드 라익 어 코욱

사이다 Sprite 스프라잇 | 환타 Fanta 팬타

얼음은 빼 주세요.
No ice, please.
노우　아이쓰 플리즈

케첩 ketchup 케첩 | 마요네즈 mayo 메이요우 | 겨자 mustard 머스탈드
양파 onions 어니언즈 | 오이 cucumber 큐컴벌 | 시럽 syrup 씨럽
생크림 whipped cream 윕트 크림

커피숍

주문하시겠어요?
Ready to order?
레디　　투　올덜

라떼로 할게요.
I'll have a latte.
아일 해브　　어 라테이

에스프레소 an espresso 언 에스프레쏘우　|　**아메리카노** an Americano 언 어메리카노우
카푸치노 a cappuccino 어 캐퍼취노우　|　**카페모카** a cafe mocha 어 캐페이 모우커
아이스 티, 냉차 an iced tea 언 아이쓰트 티　|　**핫초코** a hot chocolate 어 핫 초컬럿

따뜻한 아메리카노 한 잔 주세요.
I'd like a hot Americano, please.
아이드 라익 어 핫　　어메리카노우　　플리즈

스몰 사이즈는 크기가 얼마나 되죠?
How big is your Small?
하우　　빅　　이즈 유얼　　스몰

진하게 해 주세요.
Double shot, please.
더블　　　샷　　플리즈

연하게 해 주세요.
Half a shot, please.
해프　　어 샷　　플리즈

머그컵에 주시겠어요?
Can I have it in a mug?
캔　　아이 해빗　　이너　　머그

슬리브를 주실 수 있어요?
Can you give me a sleeve?
캔   유   기브   미   어 슬리브

빨대 straw 스트로 | **뚜껑 lid** 리드 | **포크 fork** 폴크 | **숟가락 spoon** 스푼
칼 knife 나이프 | **영수증 receipt** 리씻

설탕 좀 주실 수 있어요?
Can you give me some sugar?
캔   유   기브   미   썸   슈걸

냅킨 napkins 냅킨즈 | **소금 salt** 쏠트 | **후추 pepper** 페펄

07 쇼핑할 때

쇼핑하기

그냥 구경 중이예요.
I'm just browsing.
아임 줘스트 브라우징

재킷을 찾고 있어요.
I'm looking for a jacket.
아임 룩킹 폴 어 좨킷

셔츠 **a shirt** 어 셜트 | 블라우스 **a blouse** 어 블라우쓰 | 조끼 **a vest** 어 베스트
코트 **a coat** 어 코우트 | 스웨터 **a sweater** 어 스웨털 | 바지 **pants** 팬츠
청바지 **jeans** 쥔즈 | 반바지 **shorts** 숄츠 | 드레스, 원피스 **a dress** 어 드레쓰
치마 **a skirt** 어 스컬트 | 티셔츠 **a T-shirt** 어 티 셜트

탈의실이 어디죠?
Where is the fitting room?
웨얼 이즈 더 피팅 룸

사이즈는 무엇으로 드릴까요?
What size do you need?
왓 싸이즈 두 유 니드

이거 사이즈 8 있어요?
Do you have this in a size 8?
두   유   해브   디쓰   인 어 싸이즈 에잇

작은 사이즈 **Small** 스몰 | 중간 사이즈 **Medium** 미디엄 | 큰 사이즈 **Large** 랄쥐
더 큰 사이즈 **bigger size** 비걸 싸이즈 | 더 작은 사이즈 **smaller size** 스몰럴 싸이즈

이거 하얀색 있어요?
Do you have this in white?
두   유   해브   디쓰   인 와잇

검은색 **black** 블랙 | 베이지색 **beige** 베이쥐 | 주황색 **orange** 오린쥐
보라색 **purple** 펄플 | 분홍색 **pink** 핑크 | 파란색 **blue** 블루 | 남색 **indigo** 인디고우
노란색 **yellow** 옐로우 | 빨간색 **red** 레드 | 짙은 빨간색 **burgundy** 벌건디

너무 헐렁해요.
It's too loose.
잇츠   투   루즈

꽉 끼는 **tight** 타잇

가격 흥정

이 손목시계는 얼마인가요?
How much is this watch?
하우 　 머취 　 이즈 디쓰 　 와취

넥타이 tie 타이 | 립스틱 lipstick 립스틱 | 향수 perfume 펄퓸 | (앞에 챙 달린) 모자 cap 캡
벨트 belt 벨트 | 반지 ring 링 | 팔찌 bracelet 브레이슬릿 | 목걸이 necklace 넥클리스

이 신발들은 얼마인가요?
How much are these shoes?
하우 　 머취 　 알 　 디즈 　 슈즈

장갑 gloves 글러브즈 | 선글라스 sunglasses 썬글래씨즈 | 귀걸이 earrings 이얼링즈
양말 socks 싹스

이 손목시계들 세일하나요?
Are these watches on sale?
알 　 디즈 　 와취즈 　 온 　 쎄일

가격이 좀 비싸네요.
It's a little pricey.
잇츠 　 어 리틀 　 프라이씨

너무 바가지예요.
That's a rip-off.
댓츠 　 어 립 오프

좀 더 싸게 해 주실 수 있어요?
Can you make it a little cheaper?
캔 유 메익 잇 어 리틀 취펄

30달러에 주시면 제가 바로 살게요.
Make it thirty dollars, and I'll take it right now.
메익 잇 썰티 달럴즈 앤 아일 테익 잇 라잇 나우

교환과 환불

이 치마 환불받고 싶어요.
I'd like to get a refund on this skirt.
아이드 라익 투 겟 어 리펀드 온 디쓰 스컬트

이 벨트 this belt 디쓰 벨트 | 이 드레스 this dress 디쓰 드레쓰 | 이 모자 this hat 디쓰 햇
이 잠옷 these pajamas 디즈 퍼좌머즈 | 이 바지 these pants 디즈 팬츠
이 샌들 these sandals 디즈 쌘들즈

환불받을 수 있나요?
Can I get a refund?
캔 아이 겟 어 리펀드

이거 다른 걸로 교환되나요?
Can I exchange this for another one?
캔　　아이 익스췌인쥐　　디쓰　폴　언아덜　　　원

더 큰 사이즈 a bigger size 어 비걸 싸이즈
더 작은 사이즈 a smaller size 어 스몰럴 싸이즈
다른 사이즈 a different size 어 디퍼런트 싸이즈
다른 색 a different color 어 디퍼런트 컬럴
파란 것 a blue one 어 블루 원
하얀 것 a white one 어 와잇 원

영수증 여기 있습니다.
Here is my receipt.
히얼　　이즈 마이 리씻

저 카드로 결제했어요.
I paid by credit card.
아이 페이드 바이 크레딧　　칼드

저 현금으로 결제했어요.
I paid in cash.
아이 페이딘　　캐쉬

08 관광할 때

🎧 28-08

관광안내소

관광안내소가 어디 있나요?
Where is the tourist information booth?
웨얼   이즈 더   투어리스트   인펄메이션   부쓰

시내지도 있나요?
Do you have a city map?
두   유   해버   씨티   맵

흥미로운 박물관을 추천해 주시겠어요?
Can you recommend an interesting museum?
캔   유   레커멘드   언   인털러스팅   뮤지엄

괜찮은 뮤지컬 a good musical 어 굿 뮤지컬
유명한 식당 a famous restaurant 어 페이머쓰 레스터런트
관광지 some tourist attractions 썸 투어리스트 어트랙션즈
지역의 역사 유적지 any local historical sites 에니 로우컬 히스토리컬 싸이츠

여기 근처에 둘러볼 만한 곳이 어디인가요?
What are the best places to see around here?
왓   알   더   베스트   플레이씨즈   투   씨   어라운드   히얼

거기 걸어갈 수 있는 거리인가요?
Is it within walking distance?
이즈 잇 위딘 워킹 디스턴쓰

투어가 있나요?
Are there any tours?
알 데얼 에니 투얼즈

도시 투어 city tours 씨티 투얼즈
야간 투어 night tours 나잇 투얼즈
스포츠 경기 sporting events 스폴팅 이벤츠
지역 축제 local festivals 로우컬 페스터벌즈
특별한 행사 special events 스페셜 이벤츠
관광버스 sightseeing buses 싸잇씨잉 버씨즈

공연장

'캣츠' 표 한 장 주세요.
One ticket for *Cats*, please.
원 티킷 폴 캣츠 플리즈

라이온킹 *The Lion King* 더 라이언 킹
지킬과 하이드 *Jekyll and Hyde* 쮀컬 앤 하이드
레미제라블 *Les Miserables* 레 미저러블르
오페라의 유령 *The Phantom of the Opera* 더 팬텀 어브 더 아퍼러

지금 표 두 장 구할 수 있나요?
Can I get two tickets?
캔　　아이 겟 투　　티킷츠

죄송하지만 오늘 공연은 매진입니다.
I'm sorry, but we are sold out today.
아임 쏘리　　벗　위　알　쏠드　아웃　터데이

공연은 몇 시에 시작하나요?
What time does the show start?
왓　　타임　더즈　더　쇼우　스탈트

영화 movie 무비 | **오페라 opera** 아퍼러 | **뮤지컬 musical** 뮤지컬 | **연극 play** 플레이
발레 ballet 밸레이 | **음악회, 연주회 concert** 칸썰트

공연은 얼마나 오래 해요?
How long does the show run?
하우　롱　　더즈　더　쇼우　런

중간에 쉬는 시간이 있나요?
Is there an intermission?
이즈 데얼　언　인털미션

박물관

오늘 박물관은 몇 시에 문을 닫나요?
What time does the museum close today?
왓　　타임　더즈　더　뮤지엄　　　클로우즈 투데이

궁전 **palace** 팰리쓰 ｜ 동물원 **zoo** 주 ｜ 수족관 **aquarium** 어쿼어리엄
대성당 **cathedral** 커씨드럴 ｜ 미술관 **art museum** 알트 뮤지엄
식물원 **botanical garden** 버태니컬 갈든

한국어 안내책자가 있나요?
Do you have Korean brochures?
두　유　해브　코리언　　브로슈얼즈

박물관 지도를 어디서 얻을 수 있나요?
Where can I get a map of the museum?
웨얼　　캔　아이 겟 어 맵　어브 더　뮤지엄

표를 구입하다 **buy a ticket** 바이 어 티킷
화장실을 찾다 **find the restroom** 파인드 더 레스트룸
음성가이드를 빌리다 **rent an audio guide** 렌트 언 오디오우 가이드
안내책자를 얻다 **get a brochure** 겟 어 브로슈얼
기념품을 구입하다 **buy some souvenirs** 바이 썸 수베니얼즈

제 짐을 좀 맡길 수 있나요?
Can I leave my luggage?
캔　　아이 리브　마이　러기쥐

여기서 사진을 찍어도 되나요?
Can I take photos here?
캔 아이 테익 포토즈 히얼

투어 상품

투어 경비가 얼마나 들죠?
How much does the tour cost?
하우 머취 더즈 더 투얼 코스트

이 투어는 시간이 얼마나 걸려요?
How long is this tour?
하우 롱 이즈 디쓰 투얼

각 투어 그룹 정원은 어떻게 되죠?
How many people are there in each group?
하우 매니 피플 알 데얼 인 이취 그룹

점심 식사는 포함인가요?
Is lunch included?
이즈 런취 인클루디드

사진 촬영

저희 사진 좀 찍어주시겠어요?
Could you take a photo of us?
쿠듀 　　　　 테익 　어 포토 　　 오브 어쓰

사진 찍으려면 어디를 눌러야 하나요?
Where do I press to take the picture?
웨얼 　　두 　아이 프레쓰 투 테익 　더 　픽철

제가 사진 찍어드릴까요?
Do you want me to take your picture?
두 　유 　 원 　　　 미 　투 　테익 　유얼 　 픽처

죄송하지만 한 번만 더 찍어 주시겠어요?
I'm sorry, but can you take our picture one more time?
아임 쏘리 　　 벗 　캔 　유 　 테잇 　아월 픽철 　　 원
모얼 　　 타임

플래시 터뜨려도 돼요?
May I use a flash?
메이 　 아이 유즈 어 플래쉬

09 문제가 생겼을 때

길 찾기

센트럴 파크에 어떻게 가나요?

How can I get to Central Park?
하우 캔 아이 겟 투 쎈추럴 팔크

리버티 섬 **Liberty Island** 리벌티 아일런드
자연사 박물관 **the natural history museum** 더 네츄럴 히스토리 뮤지엄
한국 대사관 **the Korean embassy** 더 커리언 엠버씨
퀸스 극장 **Queen's Theater** 퀸즈 씨어털

타임스 스퀘어가 어디인가요?

Where is Times Square?
웨얼 이즈 타임스 스퀘얼

가장 가까운 버스 정류장이 어디인가요?

Where is the nearest bus stop?
웨얼 이즈 더 니어리스트 버쓰 스탑

택시 정류장 **taxi stand** 택씨 스탠드 | 지하철역 **subway station** 써브웨이 스테이션
백화점 **department store** 디팔트먼트 스토얼 | 슈퍼마켓 **supermarket** 쑤펄말킷
식료품점 **grocery store** 그로우써리 스토얼 | 쇼핑몰 **mall** 몰

길을 건너세요.
Cross the street.
크로쓰   더   스트릿

이 길로 쭉 가시다가 오른쪽으로 꺾으세요.
Walk down this street and turn right.
웍   다운   디쓰   스트릿   앤   턴   라잇

쭉 가다가 모퉁이에서 왼쪽으로 꺾으세요.
Go straight and turn left at the corner.
고우 스트레잇   앤   턴   레프트 앳 더   콜널

근처에 병원이 있나요?
Is there a hospital around here?
이즈 데얼   어 하스피틀   어라운드   히얼

경찰서 police station 펄리쓰 스테이션 | **약국 drugstore** 드럭스토얼
화장실 restroom 레스트룸 | **은행 bank** 뱅크 | **우체국 post office** 포스트 오피쓰
공중전화 pay phone 페이 포운

거기까지 걸어가면 얼마나 걸리죠?
How long does it take to walk there?
하우   롱   더즈   잇 테익   투   웍   데얼

여기에서 먼가요?
Is it far from here?
이즈 잇 팔   프롬   히얼

분실과 도난

제 스마트폰 못 보셨나요?
Have you seen my smartphone?
해브 유 씬 마이 스맡트폰

제 지갑을 잃어버렸어요.
I lost my wallet.
아이 로스트 마이 월렛

제 가방을 도둑 맞았어요.
My bag was stolen.
마이 백 워즈 스토울런

지갑 **wallet** 월릿 | 배낭 **backpack** 백팩 | 핸드백 **handbag** 핸드백
휴대폰 **cellphone** 쎌포운 | 신용카드 **credit card** 크레딧 칼드 | 카메라 **camera** 캐머러

제 생각에 가방을 택시에 두고 내린 것 같아요.
I think I left my bag in the taxi.
아이 씽크 아이 레프트 마이 백 인 더 택씨

버스에 **on the bus** 온 더 버쓰 | 열차에 **on the train** 온 더 트레인

내 가방 안에 여권과 지갑, 신용카드가 들어 있어요.
My passport, wallet, and credit cards are in my bag.
마이 패쓰폴트 왈릿 앤 크레딧 칼즈 알 인 마이 백

한국 대사관에 연락하고 싶습니다.
I want to contact the Korean embassy.
아이 원투　　컨택　　　더　커리언　　　엠버씨

병원

어디가 불편하세요?
What is the matter?
왓　　이즈 더　매럴

배가 많이 아파요.
My stomach hurts a lot.
마이　스터먹　　　헐츠　　어 랏

어깨 shoulder 쇼울덜 | 무릎 knee 니 | 등, 허리 back 백 | 다리 leg 레그

설사를 해요.
I have diarrhea.
아이 해브　다이어리어

발목을 삐었어요.
I sprained my ankle.
아이 스프레인드　　마이　앵쿨

이 약은 어떻게 복용하죠?
How do I take this medicine?
하우　두　아이 테익 디쓰　메더씬

긴급 상황

도와주세요!
Help!
헬프

불이야!
Fire!
파이얼

도둑이야!
Thief!
씨프

경찰 불러요!
Call the police!
콜　더　폴리쓰

구급차 불러요!
Call an ambulance!
콜　언　앰뷸런쓰

10 귀국할 때

탑승수속

대한항공 카운터가 어디예요?
Where is the Korean Air counter?
웨얼　　　이즈 더　　커리언　　　에얼 카운털

여권 좀 볼 수 있을까요?
Can I see your passport?
캔　　　아이 씨 유얼　　패스폴트

탑승권 boarding pass 볼딩 패쓰 ｜ **세관 신고서 customs form** 커스텀즈 폼
운전면허증 driver's license 드라이벌즈 라이쎈스 ｜ **표 ticket** 티킷

창가석과 통로석 중 뭘 드릴까요?
Aisle or window seat?
아일　　오얼 윈도우　　　씻

창가석을 주실 수 있을까요?
Can I have a window seat?
캔　　　아이 해브　어 윈도우　　　씻

통로 쪽 좌석 an aisle seat 언 아일 씻 ｜ **출구 쪽 좌석 an exit-row seat** 언 엑짓 로우 씻
맨 앞 좌석 a first-row seat 어 펄스트 로우 씻
내 친구 옆 좌석 a seat next to my friend 어 씻 넥스투 마이 프렌드

부치실 짐 있으세요?

Do you have any luggage to check?

두 유 해브 에니 러기쥐 투 첵

이 가방 안에 깨질 만한 물건이 있나요?

Is there anything fragile in this bag?

이즈 데얼 에니씽 프래쥘 인 디쓰 백

이 가방 기내에 가지고 타도 되나요?

Can I carry this one onto the plane?

캔 아이 캐리 디쓰 원 온투 더 플레인

탑승은 몇 시에 시작하나요?

What time does boarding begin?

왓 타임 더즈 볼딩 비긴

보안 검색대

벨트를 벗어 주세요.

Take off your belt, please.

테익 오프 유얼 벨트 플리즈

주머니에 있는 걸 다 꺼내 주세요.

Please take everything out of your pockets.

플리즈 테익 에브리씽 아웃 어뷰얼 파킷츠

뒤로 물러서 주세요.
Step back, please.
스텝   백   플리즈

액체류 갖고 계세요?
Do you have any liquids?
두   유   해브   에니   리퀴즈

날카로운 물건 sharp objects 샬프 아브젝스 | **기내용 가방 carry-on bags** 캐리 언 백스

가방 좀 열어 주시겠어요?
Can you open your bag please?
캔   유   오픈   유얼   백   플리즈

면세점

면세점이 어디 있나요?
Where are the duty-free shops?
웨얼   알   더   듀티 프리   샵스

이거 독일 제품인가요?
Is this made in Germany?
이즈 디쓰   메이드   인   절머니

이건 뭐에 쓰는 거예요?
What is this for?
왓   이즈 디쓰   폴

미국달러로 계산 할 수 있나요?
Can I pay in US dollars?
캔　　아이 페이 인 유에쓰 달럴즈

비행기 환승

환승 카운터가 어디죠?
Where is the transit counter?
웨얼　　이즈 더　트랜짓　　카운털

우리는 대한항공 승객입니다.
We are Korean Air passengers.
위　알　커리언　　에얼 패씬절즈

저희는 한국 인천으로 갑니다.
We are going to Incheon, South Korea.
위　알　고잉　투　인천　　싸우쓰　　커리어

얼마나 기다려야 하나요?
How long is the layover?
하우　롱　이즈 더　레이오벌

시간이 얼마나 여유 있죠?
How much time do I get?
하우　머취　타임　두　아이 겟

11 필수 단어

🎧 28-11

숫자

0	**zero** 지로우	11	**eleven** 일레븐
1	**one** 원	12	**twelve** 트웰브
2	**two** 투우	13	**thirteen** 썰틴
3	**three** 쓰리	14	**fourteen** 포얼틴
4	**four** 포얼	15	**fifteen** 피프틴
5	**five** 파이브	16	**sixteen** 씩쓰틴
6	**six** 씩쓰	17	**seventeen** 쎄븐틴
7	**seven** 쎄븐	18	**eighteen** 에잇틴
8	**eight** 에잇	19	**nineteen** 나인틴
9	**nine** 나인	20	**twenty** 트웨니 / 트웬티
10	**ten** 텐	30	**thirty** 썰티

40	**forty** 포얼티	목요일	**Thursday** 썰즈데이
50	**fifty** 피프티	금요일	**Friday** 프라이데이
60	**sixty** 씩쓰티	토요일	**Saturday** 쌔털데이
70	**seventy** 쎄븐티	일요일	**Sunday** 썬데이
80	**eighty** 에잇티		

월

90	**ninety** 나인티	1월	**January** 줴뉴에리
100	**one hundred** 원 헌드레드	2월	**February** 페뷰에리
1천	**one thousand** 원 싸우전드	3월	**March** 말춰
1만	**ten thousand** 텐 싸우전드	4월	**April** 에이프럴

요일

		5월	**May** 메이
월요일	**Monday** 먼데이	6월	**June** 준
화요일	**Tuesday** 튜즈데이	7월	**July** 줄라이
수요일	**Wednesday** 웬즈데이	8월	**August** 어거쓰트

9월	**September** 쎕템벌	목 통증	**sore throat** 쏘얼 쓰로우트
10월	**October** 악토우벌	콧물	**runny nose** 러니 노우즈
11월	**November** 노우벰벌	코 막힘	**stuffy nose** 스터피 노우즈
12월	**December** 디쎔벌	설사	**diarrhea** 다이어리어

병 증상

과일

감기	**cold** 코울드	사과	**apple** 애플
열	**fever** 피벌	복숭아	**peach** 피취
기침	**cough** 코프	바나나	**banana** 버내너
두통	**headache** 헤드에익	딸기	**strawberry** 스트로베리
복통	**stomachache** 스토먹에익	수박	**watermelon** 워털멜런
치통	**toothache** 투쓰에익	오렌지	**orange** 오린쥐
귀 통증	**earache** 이얼에익	배	**pear** 페얼
요통	**backache** 백에익	포도	**grape** 그래이프

MP3로 들으세요

스마트폰으로 QR코드를 찍으세요!

스마트폰으로 darakwon.co.kr에 접속하시면
MP3 실시간 재생 및 다운로드가 가능합니다.